元参議院議員・日本一新の会代表
平野貞夫

わが輩は保守本流である

保守本流から日本政治への警鐘

五月書房新社

装幀●テラカワアキヒロ
編集・組版●片岡 力
編集協力●村松恒之

わが輩は保守本流である

保守本流から日本政治への警鐘

平野貞夫 著

目次

プロローグ
森友公文書改ざん問題
――議会民主政治を破壊した自由民主党――

「自民党の解党的出直しをしたい。国家国民のために必要なのだ。協力してほしい」

小沢一郎さんが自民党幹事長に就任して、2週間目、平成元年8月24日のことでした。昭和から平成に年号が変わる時期、リクルート事件に象徴される巨大疑獄事件が発覚し、国民から厳しい批判を受けます。自民党の保守本流の政治家が指導して策定した『政治改革大綱』の実現を、海部―小沢政権は決意することになります。

平成3年8月、海部政権は「政治改革国会」を召集し、政治改革三法案を提出しましたが、与野党の守旧派の総攻撃で失敗します。都知事選挙敗北の責任をとって小沢さんが幹事長を辞め、心臓病の治療を終え政治活動を再開した年の暮、その小沢さんからの話が私の運命を決めました。

その時期、私は竹下登元首相や野中広務衆院議員から、翌年7月の参院選挙に出馬するよう説得を受けていました。自民党の利権政治を批判してきた私は断り続けました。渋る私の背中を押したのが、小沢さんでした。

「自民党を改革しないと日本が危くなる。竹下・野中には騙されたふりをして応じてくれ。自民党が改革できなければ潰そう」

私は高知地方区から保守系無所属で当選し国政に参加します。そして自民党改革に着手するも、失敗しました。国政に参加して1年目に、38年続いた自民党単独政権が崩壊します。

小沢自民党幹事長が「国家国民のため自民党を改革したい」と叫んで30年、「自民党を改革しないと日本が危くなる」と論じて26年という歳月が流れました。その間自民党政治は、弱肉強食の格差社会をつくり、戦前回帰の戦争国家をつくりあげました。

かくして自民党・安倍政治が行きついたのは、国家権力を私物化し、統治行為の正当性を踏みにじった議会民主政治の破壊でした。それが「森友公文書改ざん事件」です。「自民党を改革しないと日本が危くなる」と、小沢さんが予言したとおりになりました。安倍一強政治をつくった自民党には、解党も含めた政治責任があります。

「森友学園問題」とは

安倍首相夫妻やカルト集団の日本会議などから、「教育勅語」の復活などの教育方針を高く評価されていた学校法人・森友学園（理事長・籠池泰典、平成27年現在）が、大阪府豊中市の国有地を小学校用地として、近畿財務局と貸付契約を結んだのが事の始まりです。

この契約が異例にも10年以内の買い取りを約束したものでした。この土地から「新たなゴミ」が見つかったとして、鑑定価格（9億5600万）からゴミ撤去費（8億1900万円）などを値引きした1億3400万円で売却されることになり、しかも、異例の10年分割払いという特例でした。この特例だと、森友学園は月額約200万円の分割払いで10億円近い国有地を手に入れることができます。不動産取引の常識では、ただ同然といえます。

昨年（平成29年）2月、朝日新聞は「安倍首相の妻・昭恵氏が名誉校長を務める小学校用地が、大幅な値引で売られた」と報道。国会で真相究明が始まります。小学校設立資金集めに「安倍晋三記念小学院」という名が使用されたとか、さまざまなことが話題となりました。

国会での追及が本格化すると、各TV局は森友学園の幼稚園児が「教育勅語」を暗唱する映像を報道しました。多くの国民は異様さに驚き、安倍首相夫妻らが支援した学校法人でしたので、国際的に批判の声が起こりました。

「教育勅語」を学校の教材に使うことが話題となり、民進党衆院議員からの質問主意書に対し、安倍内閣は「憲法や教育基本法等に反しないような形で教材として用いることまでは、否定されることではない」との答弁書を閣議決定しました。これは憲法を冒涜《ぼうとく》する重大な問題です。

「森友学園問題」で「教育勅語」のイメージが悪くなったことに悩んでいた日本会議では、この閣議決定を「ケガの功名」と評価し、新しい活動を始めています。このような政治風土が、「特定秘密保護法」「憲法9条の解釈改憲による安保法制の制定」

「テロ対策法と称する共謀罪の導入」等、戦争国家への道を暴走してきたのです。

国会で野党は厳しく「森友問題」を追及、安倍首相が「私や妻が関係していたということになれば、首相も国会議員も辞める」と発言したことが、致命傷となりました。財務省理財局の佐川宣寿《のぶひさ》局長が、国会答弁で矢面に立ち安倍首相をガードします。こうした安倍首相の発言や佐川理財局長の国会での虚言答弁が、官邸や財務省にとって障害となりました。発言を真実であると正当化するために、関係省庁の官僚がこれまでの交渉の公文書の内容を改ざんする必要が生じ、こうして、あってはならない国会と国民を裏切る行政行為が始まります。安倍首相には法的責任のみならず、国家の信頼を失わしめ、国会と国民を騙した重大な政治的責任があります。

一方、学校法人森友学園には、大阪府から補助金を不正に受けていた問題がありました。返金しているにも拘《かかわ》らず、平成29年8月21日、大阪地検は籠池夫妻を逮捕します。現在（平成30年3月23日）も勾留されています。籠池側は破産事態となり、小学校設立構想も国有地払下げ問題も破棄されています。

「森友問題」を追っかけるように発覚したのが、「学校法人・加計《かけ》学園」の獣医学部新設問題です。安倍首相の親友・加計孝太郎理事長（当時）が、国家戦略特区制度を活用して、愛媛県今治市に岡山理科大学の獣医学部を新設するため、安倍首相の意向を関係官僚が忖度して、行政を歪めたと問題になりました。

文科省が安倍首相の意向を問題とし、当時事務次官であった前川喜平氏が退職後、加計問題に関して「官邸の意向で行政の筋が曲げられた」と暴露して話題となりました。加計学園の獣医学部は新設されましたが、多くの疑惑が残されており、今後何が噴出するかわかりません。

「森友問題」が政治問題化した発端は、自民党麻生派の重臣・鴻池祥肇《よしただ》参院議員が、籠池夫人から封筒に入った現金らしいものを渡されそうになって、「金かこんにゃくかは知らんが」と投げ返したこと――いわゆる「こんにゃく問答」――を、自身がテレビで暴露したことです。情報として伝えられているのは、「獣医師国会議員連盟会長の麻生氏が、加計学園の獣医学部新設に猛反対で、それに対抗するため鴻池さんにこんにゃく問答の暴露を指示した」という話です。

「森友問題」にせよ「加計問題」せよ、これらは官僚だけの考えで実行できることではなく、政治家の関与をいかに絞り出すかにかかっています。事の真偽は別にして、権力の私的乱用という面では「森友問題」も「加計問題」も同質で、実際に国民の間では「モリ・カケ疑惑」とセットで呼ばれています。日本のデモクラシー度を判定する重要問題です。

安倍自公政権は、この「モリ・カケ疑惑」から逃げるため、昨年の第194回通常国会の会期を延長しませんでした。4野党は「森友・加計問題の究明」を理由として、憲法53条の臨時会召集要求を行いました。この憲法上の要求を無視し、9月28日に臨時会を召集。120秒間の本会議で衆院の解散を断行しました。国民は「森友・加計隠し」と批判しました。

総選挙の結果は、希望の党騒ぎで民進党が分裂し、自民・公明の与党で3分の2の憲法改正発議を可能とする議席を確保。野党の「モリ・カケ」追及に陰りが見え始めました。

「森友公文書改ざん問題」の本質

平成30年が明け「森友問題」は、市民の話題から離れていきます。そんなことに気を良くしたのか、安倍首相は「小児性サイコパス」（精神病質・反社会的人格の持ち主を表す言葉＝知恵蔵）症状となり、「安倍晋三」名を「森友問題」の記事から削除しない朝日新聞を攻撃するようになります。国会発言で安倍首相が朝日新聞を罵倒する様子を、国民は異常に感じるようになりました。

安倍首相がこれに拘ると、朝日新聞も黙視できなくなり、いずれは反撃が始まると、他人ごとながら気にしていたところ、2月中旬、マスコミ関係者から「森友問題」で朝日は新しい隠し球を持っていて、出し方で悩んでいる、失敗すれば朝日の存立に関わるので慎重だ、との話を聞きました。

私は国会運営の体験から「冬期オリンピックが終わり、お祭り気分が醒めて、国会審議で安倍首相の失態が出る事態でもあればチヤンスだが」と答えたものです。安倍首相対朝日新聞の壮絶なる私闘から始まる政局ドラマに期待していました。

冬期オリンピックで、日本のメダル・ブームのお祭り気分が過ぎ、「裁量労働制」の基礎データ問題で〝撤回と謝罪〟となり、弱気になっている安倍首相を襲ったのは、朝日新聞の『森友文書　書き換えの疑い』のスクープ記事でした。3月2日（金）の朝刊で、安倍首相に配慮したのか森友関係の公文書が改ざんされた疑惑があるとして、国民の前に暴露されたのです。

その日、参院予算委員会や衆院財政金融委員会がセットされていて、野党の真相究明が始まります。改ざんされた文書があるのかどうか、という行政行為の技術の追及で、新聞記事の後追いの質疑がほとんどでした。「公文書の改ざん」が、国家統治の正当性を失わせる犯罪行為であり、それが国会審議と関連する場合には、議会民主政治の根本に関わる問題となる、という認識が不足していました。

翌3日（土）、「永田町フ～ゥン録」（デモクラシータイムス）の番組収録があり、その番組内で私は、野党の追及姿勢について注文をつけました。

「公文書の改ざんが事実なら、それは、国家の信頼を失わせ、議会民主政治を破壊する権力の犯罪だ、という認識が野党に足りない。

国会の一大事であるということで、6野党が一致協力して、プロジェクトチームをつくり真実を究明すべきだ。

そのため、憲法にもとづく国政調査権すなわち証人喚問や資料提出を要求すべきだ。与党が応じないとき、具体的に動議を提出し、真相究明を妨害する議員は辞職すべきだと迫り、次の総選挙での落選運動をやればよい。

昨日の審議で政府側から捜査中を理由に国会の調査に限界があるとの見解に、野党は影響を受けたようだが、憲法上は国政調査権が上位である。まして、国家権力の正当性を問われる問題だ。国家の犯罪ともいえる。最優先事項である。
この問題は、安保法制と異なった意味で国家の基本中の基本だ。山口二郎さん（法政大学教授、行動する政治学者）に頼んで市民運動を組織し、野党と一体となって麻生財務相と安倍首相の退陣を迫るべきだ」

この映像は3月4日（日）に放映され、1万4000人が視聴してくれました。
さらに、6日（火）に「日刊ゲンダイ」からコメントを求められたので、捜査中の事件でも「公益に必要なら刑訴法47条但し書」で可能だ。ロッキード事件などの先例を説明して、次のようにコメントしておきました。

「財務省の公文書改ざん疑惑は、日本の統治機構に関わる問題であり、事実であれば議会制民主主義の否定です。

本来は与野党関係なく調査に同意すべきです。仮に反対する与党議員がいたとすれば、それは『公文書改ざんＯＫ』という意味。国民はそんな議員をどう思うでしょうか」

（8日付で報道）


与党自民党でも問題の重大さに気がつき、改ざん前の原本コピーを国会に提出する動きが起こります。3月8日（木）、財務省は「原本文書コピー」と称して資料を参院予算委理事会に提出しました。これがかねてから国会に提出していた資料と同じ「書き換えられた」もので、問題をさらに混乱させました。

翌9日（金）、佐川国税庁長官（文書改ざん時の財政局長）が、突然、理財局長時の国会答弁が丁寧《ていねい》でなかったと、意味不明な理由で辞表を提出します。麻生太郎財務相は許可しました。この背景には、近畿財務局で森友問題を担当していた職員の自殺が影響したようです。

政府と自民党は大混乱し、麻生財務相は佐川長官の辞職を安倍首相に報告に行き、事態への対応を協議します。この時、麻生財務相は辞意をこぼしたところ、安倍首相は「辞めないでくれ」と懇願したとの情報があります。真偽のほどはわかりませんが、私は本当だと思います。

恐らく官僚の佐川元理財局長を最終責任者として、安倍首相と麻生財務相は、辞職よりも、残って真相究明や再発防止の責任を果たすという理屈で、政権内部の調整をつけたようです。10日（土）に、財務省は「文書の書き換え」を認め、週明けの12日（月）に参院予算委員会に、関係文書の全部を提出することになったわけです。

国会に提出された「改ざん前文書」は、14件、約300カ所にのぼり、「政治家関係（安倍首相夫人を含む）」「事前の価格交渉」「特例扱い」などにわたり、ほぼ全部でした。安倍首相は記者団を通して国民に謝罪したものの、責任を感じた様子はありませんでした。

「改ざん前文書」の国会提出と公開で、自民・公明の与党は国会を正常化すべしとし、14日（水）に参院予算委員会での集中審議を提案します。民進・立憲・希望・共産・自由・社民の6党は、「改ざん前文書」の内容に注目し、佐川前理財局長と安倍首相夫人の証人喚問を要求して与党の提案を拒否します。集中審議は自民・公明・維新の3党だけで開かれました。

この集中審議で明らかになったことは、①安倍首相と麻生財務相から「書き換えを指示したり、圧力をかけたことはない」との弁明、②麻生財務相から「書き換えは、佐川理財局長の国会答弁に誤解を受けなくするため」、③太田充理財局長が「理財局の最高責任者は佐川氏で、国会答弁も佐川氏なので、佐川氏の関与の度合いは大きかった」の3点でした。

この政府見解に6野党は態度を硬くし、市民の国会デモも、毎夜1万人を超えるようになりました。自民党は公明党の要請を入れて、佐川氏の証人喚問を検討することになります。15日（木）、与野党の話し合いが続けられ、「週明けの19日（月）に参院予算委で安倍首相が出席して、集中審議を行う。審議状況をみて佐川氏の証人喚問を行う」との事実上の合意ができます。

本格的な真相究明の準備が国会で整い始め、マスコミの取材競争がクライマックスとなった3月16日（金）、毎日新聞朝刊は『森友ごみ報告書は虚偽』との見出しで、驚くべきスクープを報道しました。

記事の要点は、約8億円の値引きにつながった地中ゴミを試掘した業者が、「学園や財務省近畿財務局側から促され、ゴミは実際より深くあると見せかけた虚偽の報告書を作成した」と、大阪地検特捜部に証言しているとの報道です。

国有地値引きの根拠に関わることで、国会で野党からしばしば追及された問題です。また会計検査院が、値引きの根拠について業者の試掘報告書に対して疑問を指摘した問題でした。

「公文書改ざん」問題の前提にもなることで、重大な問題です。今後も捜査が進む過程で、どんな不正・不法行為が露呈するかわからない事態となりました。国民の怒りによっては、自民党政治の崩壊になりかねません。

3月19日（月）に行われた参院予算委員会で、安倍首相に対し集中審議を行いましたが、真相究明には至りませんでした。野党側は佐川前理財局長の証人喚問を強く要求し、国会審議に応じません。与野党の協議で翌週の27日（火）に、衆参両院の予算委員会で佐川氏の証人喚問を行うことになりました。

本書の最終締め切りが3月23日のため、佐川氏の国会証言を確認しないまま、これからの展開を推測することは至難なことです。しかし、国家統治の正当性や議会民主政治の存立に関わる問題ですので、希望的推測になりますが論じておきたいと思います。

佐川証人の国会証言で注目されるのは、「刑事訴追される恐れがあるので、お答えは差し控えたい」を連発して、安倍政権を護るか、あるいは「書き換え前の文書の内容を官邸に報告した。官邸の関与で書き換えた」と爆弾証言をするかです。後者の証言をする確率はざっと20％程度でしょうが、もし仮にそうなれば、早ければ4月中にも総辞職です。

佐川証人が前者を連発しても、安倍政権の終焉は時間の問題です。刑事訴追される恐れのある罪状は「公用文書等毀損罪・公文書変造罪・偽計業務妨害罪など」が対象となります。この場合、佐川証人を尋問する国会議員の能力にもよりますが、安倍首相の側近中の側近・今井尚哉首相秘書官と佐川証人の深い関係を証言させることで、官邸の関与を炙り出すことが可能です。

大阪地検特捜部は、佐川氏を国会での証人喚問のあと、任意で事情聴取する方針を固めており、国会の証言で「虚偽の陳述」があれば、「偽証罪」の問題が発生します。いずれにせよ佐川氏が刑事訴追される可能性は確実で、これらの動きの展開によっては、国会会期中にも安倍政権の命運は尽きるのではないかと思います。

「森友公文書改ざん事件」の反省

安倍首相や麻生財務相の謀略による「佐川前理財局長のスケープゴート化」は、事態を闇に葬るどころか、日本の非近代国家性を世界に露呈することになりました。自民党がいかに堕落と劣化の政党かを証明するものです。

かつて保守本流が仕切っていた時代と異なり、国家や国民に誠実に対応する気持ちも能力もありません。自民党は保守本流の政治家がいなくなり、利権政治マフィア集団となりました。四半世紀前、小沢一郎という政治家が私に語った「自民党を改革しないと、日本が危なくなる」ことが、現実になりました。

「憲政の常道」という議会民主政治の原理、すなわち保守本流の論理からいえば、安倍首相は虚言を重ねることをやめ、総辞職をして、野党と政権交代すべきです。安倍首相夫妻が、仮にこの事件に直接関係がないとしても、国会に虚偽言動を続け、行政行為の正当性を失った憲政上の責任は重大です。

立憲・民進・希望・共産・自由・社民の6党は、連立政権の協議を始めるべきです。その動きが見えないことが問題といえます。これがわが国の議会民主政治に機能障害がある証拠です。この事件への反省は野党もなすべきです。問題が発覚してから3月23日までに、野党の党首会談が開かれていません。事態の重大さを国民に表明すべきではなかったでしょうか。直ちに政権交代できる野党が存在していれば、このような議会政治を否定し国家の権威を冒涜する政治は行えなかったと思います。

この事件への外国メディアの反応には厳しいものがありました。森友学園をめぐる政治的経緯に注目して、日本に軍国主義の復活を目指すものがあると指摘が多くありました。日本のマスコミ論調には、ほとんどありません。

昨年（平成29年）8月末、小沢自由党代表とこんな会話を交わしたことを思い出します。

平野　いま自民党が進めている新自由主義的な競争政策、安保法制など、異常ですよ。最近の地方選挙や国政選挙を仔細に分析すると、野党の選挙協力次第では、自民党は最後の段階に来たような気がします。

小沢　自民党は普通ならもう終わりだけど、事なかれ主義と、「仕方ない、仕方ない」という日本人の「仕方ないシンドローム」が健全な限り、自民党はしぶとく続くよ。

「森友公文書改ざん問題」という、人間社会の道理に反することが、名門政治家血縁者やエリート官僚などによって行われました。根本原因は、日本人の強いものに対する「仕方ないシンドローム」があると思います。日本人すべてが反省すべきことです。もし、この謀略が発覚せず「日本会議」などの「教育勅語復活」運動の拠点となる「私立小学院」が設立されていたなら、私はこの国に絶望したと思います。この謀略が破滅したのは、安倍政治への『日本国憲法の逆襲』が始まったからと言えます。

本書は、当初2月12日の「小沢一郎政治塾」での私の講義録『わが輩は保守本流である　―保守本流から日本政治への警鐘―』を整理して小冊子として刊行する予定のものでした。しかしその準備中、3月2日付の朝日新聞にスクープ『森友文書　書き換えの疑い』が報道されました。本の内容に直結する問題でしたので、急遽《きゅうきょ》このプロローグを所見として設けた次第です。

さらに、森友学園から発信された「教育勅語」復活を重大視し、昨年執筆・発言したものを「附論」として掲載しました。併せてご一読いただければ幸甚です。

平成30年3月24日

平野貞夫妙観

わが輩は保守本流である　～はじめに～

3度目は〝遺言〟

昨年（平成29年）の暮、小沢政治塾の世話人から「最近の政治がわかりにくいとの塾生の声がある。政治の裏表といった面白い話をしてほしい」との要望がありました。

私はそれまで、小沢政治塾で2回ほど講義をしています。

第1回目は、小沢塾が開校した17年前のことでした。平成13年1月8日、小沢一郎塾長の開校挨拶の後、運営委員会の責任者として『自由党の理念と基本政策』を講義しました。

その時の講義の要旨はこのようなものでした。

平成10年1月1日に自由党を結成し、理念や政策をつくり、それを実現するために翌11年10月に「自自公」連立政権を成立させました。しかし約束した政策を自民党と公明党が実現しようとしないので、翌12年4月に連立政権を離脱することになります。

同年12月に『新しい憲法を創る基本方針』を策定し、これが野党側から評価を受けました。それを機に、自公保政権では日本一新はできないと、野党協力路線を選ぶことになりました。講義ではその経過の説明をしました。

第2回目は、小沢塾が15周年を迎えた記念講義で、3年前の平成27年3月16日でした。参院議員を引退して10年が過ぎていました。

『平成の日本改革の原点』というテーマで、小沢塾長を中心に展開された「平成の日本改革」は何であったのか。歴史的な民主党政権への政権交代、その失敗を中心に、改革の評価と問題点を検証したものでした。

実はこの第2回目の講義は、私が80才になる年のものです。日本人の平均年令では3回目は無理だろうと思い、小沢塾の発足と初期の運営責任者として、後継者に伝えておくべき義務という思いで話したものでした。

それが今回、思いもかけず3回目が回ってきたわけです。

躊躇《ちゅうちょ》しましたが、「これまで、何度も私の乱暴な言動を、世間は、小沢塾長の言動と誤解し迷惑をかけてきた。3回目の講義は〝遺言〟になるかも知れない」と思い直して、講義を引き受けることにしました。

そして引き受ける際に私が担当者に言ったのは、「過去2回と違って自分の思いの丈《たけ》を話すので、小沢塾長の了解をとっておけ」ということでした。

何にしろ小沢一郎塾長は、過去、私の数々の暴言で評判を悪くしたのが度々あります。塾長ご自身は5〜6回ぐらいと思っているようですが、実際は30回ぐらいはあります。

代表的なのは、「御輿《みこし》は軽くてパァーがよい」です。海部─小沢政権時代で私が衆院委員部長の時、酔っぱらって、海部首相と親しい毎日新聞の井上記者に言ったのが始まりでした。井上記者が、小沢幹事長の話として、世間に流したのです。

私は小沢幹事長に事実を説明して、誤解を解くように言いました。しかし塾長は逆に、その暴言を自身が言ったことにして背負って、私を守ろうとしたんですよ。

そんなこともあって、「小沢は横暴だ」という評判の原因の半分は私にあると反省しているところです。いずれ、すべてについて私が事実を告白すべきと思っています。

「左翼の人」？

まず、『わが輩は保守本流である』という変挺《へんてこ》なことを講義の題としたのはなぜか、この話から始めましょう。

昨年（平成29年）12月に『小沢一郎の権力論』（朝日新書）という本が出版されました。日刊ゲンダイ記者の小塚かおるさんが、小沢塾長にインタビューしたものをまとめたものです。

この本の第6章が「日本人よ、自立せよ」となっていまして、その章の「2　私の生き方」に、「天命に遊ぶ」という項があります。その部分を引用してみます。

「人事を尽して天命に従う」という格言がある。でもこの言葉にはどこかに期待感がある。従うとか待つというのはね。自分にとって都合のいい結論を天が出してくれるのを待つというか、見返りを期待するというかね。それじゃダメだと思う。

ある左翼の人が言ったそうだけど、「天命に従う」ではなくて「天命に遊ぶ」っていうのを聞いてね。「人事を尽くして天命に遊ぶ」。これが気に入った。

（同書220頁）

この心境は、陸山会事件で政治生命が絶たれようとした時、屈することなく検察と戦った際のことだとのことですが、立派な覚悟といえます。

問題は「ある左翼の人が言ったそうだけど」という部分。

実はこの言葉は、私が小沢塾長に話したことなのです。ということは、この文からすれば私は「左翼の人」となります。

「天命に遊ぶ」という言葉は、元々は、大本《おおもと》教の開祖者・出口王仁三郎《おにさぶろう》の言葉です。その王仁三郎の言葉を、私は、政権運営に行き詰まった政治家からあるべき姿勢について相談があった時に、「人事を尽くして天命を遊ぶ」として伝えてきました。

そのことを知っている旧友たちが、小塚さんの著書を読み、「平野、お前は小沢さんから〝左翼の人〟と言われているぞ」と、冷やかすようになりました。

私自身は保守本流の教育を徹底して受けてきた人間です。そのことを何かの機会に言いたい気持ちを持っていました。ですので、この小沢塾での3回目の講義がちょうど良いチャンスとなったわけです。

ついでながら、「大本教」という宗教を知らない若い方もいると思いますので、ひと言だけ触れておきましょう。

大本教の思想の系譜をたどると、「古神道」に突き当たります。古神道とは、日本の縄文時代からあると言われている日本人のものの考え方の原点で、その根本にあるのは「自然との共生」という考え方です。環境問題への取り組みが喫緊《きっきん》の課題として取りざたされている現代ですが、「自然との共生」という環境問題への新しい発想の原点は、日本の縄文時代にまでさかのぼる古神道にすでにあったわけです。

興味深いことに小沢塾長も、環境問題を論じた文章のなかで、この古代日本にあった「自然との共生」という価値観にふれています。平成5年5月に講談社から出版され70万冊を超える大ベストセラーになった『日本改造計画』がそれです。その一部も少し引用しておきましょう。

環境問題の根本は人間の「生き方」の問題なのである。人類は、人間による自然支配という西洋的価値観から、人間は自然の一部であるという東洋的価値観への転換を迫られている。

東洋的価値観、とくに古代日本の縄文時代においては、人間はまったく自然と共生していた。人間が自然を支配するのではなく、自然によって生かされていた。環境問題は、この心に回帰することを求めている。環境問題を考える原点は、縄文人の心に立ち返ることだと思う。

（同書175頁）


この小沢塾長の「天命に遊ぶ」という生き方と、「縄文人の心に立ち返る」との思想の繫《つな》がりに、小沢一郎の政治家としての原点があります。現存の世界中の政治家で、こんなスケールの人物はいません。心底そう思います。

とはいえ、「平野貞夫は、小沢塾長に数々の面倒をかけてきた負《お》い目から、こんなふうに小沢一郎を持ち上げているのだ」と思われたら、かえってまたひとつ塾長に迷惑をかけることになるかも知れませんので、この辺で自分自身の政治遍歴に話を移すことにしましょう。

アニミズムとアナーキズムの土地

小沢塾長が潜在意識の中で、私を「左翼の人」と呟《つぶや》いた話をしましたが、実は、私は若い頃「左翼」だったんです。

大学生の頃、「60年安保闘争」の前哨戦として「警察官職務執行法改正案」闘争では、「デートを邪魔する警察官」というキャッチフレーズを同志と一緒につくったり、東京駅に〝特急つばめ〟を止めに行ったりする闘士でした。

簡単に自己紹介をしておきます。

生まれは高知県幡多《はた》郡三崎村平の段で、現在の土佐清水市、足摺岬の近くです。旧幡多郡は現在でも日本一の陸の孤島で、縄文時代に黒潮で日本人のルーツが渡ってきた「海上の道」として知られており、アニミズムと差別に抵抗する原始的アナーキズムが今でも残っています。

父は貧しい開業医で、一族のＤＮＡは海洋縄文人を基層に、空海文化や都の政争での敗者などの落人《おちうど》だと思います。おどろおどろしい伝説を父親から聞いて、生まれ故郷は「この世とあの世の境か」と、子供の頃から感じていました。

幕末から明治にかけては、討幕運動や自由民権運動・国会開設運動の盛んなところでした。隣りの宿毛《すくも》市からは、吉田茂元首相や又従兄弟《またいとこ》の林譲治元衆院議長が出ています。二人の父親・竹内綱や林有造は過激な活動家で、岩手の盛岡刑務所に投獄されました。

また四万十市は幸徳秋水の故郷です。幸徳秋水は無政府主義者で知られ冤罪の大逆事件で処刑されましたが、自由民権運動では「土佐自由党」に所属し、林有造の秘書として活躍しています。私の一族も明治に入り土佐自由党の運動に加わって、これらの先人を支援しています。

昭和20年8月15日といえば、敗戦の日です。昭和天皇の「終戦の詔書」のラジオ放送を、私は今でも耳に残しています。国民学校四年生の時でした。

陸軍軍医中尉で、東条英機首相に似ていると村人から言われて得意になっていた父親が、昭和天皇のラジオ放送が終わると、突然、カルチャー・ショックを起こし、四男二女で末の私にこう言うのです。


「これから偉くなろうと思って、学校の勉強をしなくてよい。競争に勝ち出世しようと思うことが戦争の原因になる」

「学校に行かなくて、よいのですか」

「学校には行って遊んでおればよい。これからは俳句をつくることと、般若心経をお父さんが教えてやる。この二つを身につけておけば、悪い人間にはならない」


この父親の教育方針をまともに受け入れ、学校の勉強、特に受験勉強はまったく経験なし。アニミズムとアナーキズムの自然界で、18才まで自分の好きなことばかりして過ごしました。というよりも、足摺の黒潮縄文文化が私をそのように育ててくれました。

その結果、何が起こったか。基礎的学力の不足です。その代わり直観力は抜群でした。父親の方針もあって、新制中学校も高校も進学と縁のない新設したばかりの県立清水高校に入学、昭和20年代後半にすばらしい人間教育を受けたのです。

美馬敏男という恩師の影響で、大内兵衛《ひょうえ》◉に憧れるようになりました。

大内兵衛は、戦前に労農派の学者として弾圧を受け、戦後は新憲法の構想にも関わった人物で、当時は法政大学の

大内兵衛

1888年（明治21年）、兵庫県淡路島に生まれる。経済学者、財政学者で、マルクス経済学の労農派グループのリーダー的存在。

東大卒業後、大蔵省に勤務。1919年に東大助教授となったが、翌年森戸問題に連座し大学を追われた。22年母校に復職し、翌年教授となる。38年いわゆる「人民戦線事件」の教授

総長をつとめていました。それで私は法政大学を志望し、そこで原水爆禁止運動に関わったのを皮切りに、先程申し上げたようなことで本格的学生運動に入るわけです。

平野家のトラウマ

昭和33年4月に、法政大学大学院政治学コース修士課程に入り、学友会（大学院の自治会）の委員長に就任すると、大学の共産党細胞から入党しないかと誘われるようになりました。狂ったようになったのは、故郷の父親でした。

実は、平野家には大正時代に遡《さかのぼ》る「共産党へのトラウマ」があったのです。

土佐では平野家は、土佐自由党から政友会の保守本流の

グループの一人として起訴され、大学を再び追われる。敗戦後に復職し、内閣統計委員会委員長、社会保障制度審議会会長などにも就任。50～59年法政大学総長。また美濃部革新都政をつくる会の会長などもつとめた。80年没。

家柄として知られていたのです。大正11年の共産党非合法結成に母方の叔父夫妻が参加して、大騒ぎになったことがある、と聞かされていました。戦時中は叔父は幹部党員で、戦後には従兄弟が3人共産党員として活動していました。

その頃、大磯の吉田元首相邸の家老職に依岡顕知《よりおかあきとも》◉という人物がいて、私の東京の親代りという立場でした。依岡さんは、林副総理・衆院議長、益谷秀次衆院議長の秘書官を務め、第一次吉田内閣以降の吉田政治を裏から支えた苦労人で、吉田元首相に信頼されていました。

依岡さんは「君のお父さんは、僕の父親の命の恩人だった。林さんは明治時代からの親友だ。吉田さんが活躍できたのは総選挙の支援をお父さんがやったからだ」と私に口

依岡顕知
1916年（大正5年）、高知県幡多郡月灘村（現大月町）出身。林譲治の書生。中央大学卒。林書記官長秘書官から、林・益谷衆院議長秘書に。また吉田家の執事として、池田・佐藤両首相に影響を与えた。90年（平成2年）没。

癖のように語っていました。

私の父から「共産党には入党させず、どこかに就職させてくれ」と懇願された依岡さんは、吉田元首相と林元衆院議長と相談してシナリオをつくることになります。


最初の案は、吉田総理時代に総理秘書官をやっていた高野善一郎が「日本教育テレビ」の副社長だったので、「そこに採用させろ」との吉田元首相からの指示。

高野副社長は了解して、「ペーパーテストは受けること。解答は書かないこと。名前だけ書いて提出すること」という条件。変な話だと思ってテスト場に行くと、質問がまことに下らない。

「こんなことのため学問をしたのではない」と、カァーッ

林譲治

1889年（明治22年）、林有造の二男として高知県宿毛市に生まれる。京都帝国大学独逸法律科を卒業し、三菱倉庫株式会社に入社。父有造の死に伴い帰郷。高知県会議員を経て、42才の時に衆院議員に当選。戦時中は翼賛体制に異を唱えたため落選したが、敗戦後ほ最初の総選挙

となった私は、最後の質問「好きな人物」に、「マルクス、レーニン、毛沢東」と書いて提出。高野副社長は当然、大磯に報告します。依岡さんの話だと、吉田ワンマンは、瞬間的には激怒したようです。「これは重傷だ」となり、時間をかけて教育してから対応することになります。

学歴詐称して国会の雑巾がけに

ちょうどその頃、林譲治元衆院議長が食道ガンの手術を終え、回復して慶応病院で療養中でした。そこで吉田元首相が指示して、1カ月ぐらい林さんの下で、昭和戦前・戦後の政治体験談をじっくりと聴かせ、政治のあり方や現実など体験談を勉強させようとなったわけです。このことが、

で復活。日本自由党に入党し、第一次吉田内閣の内閣書記官長、第二次吉田内閣の副総理および厚生大臣などを経て、衆議員議長に就任。1960年(昭和35年)、71歳で没。なお、俳人としても有名。

学生運動で共産党入党寸前の私が、衆院事務局に入る切っ掛けとなりました。

林元衆院議長は、私が政治の現実に興味を持ったことを確信して、次のような殺し文句で口説いてきたのです。

「どうだ。2年間、私の言うところで政治の現実を観察してみないか。ただし、2年間は政治の活動はしてはいけない。

2年間経って、君が共産党に入る気持が変わらないなら、わしが父親を説得してやる。人間の思想・信条とは、貴重で大事なことだ」

「すべておまかせします」

と私は頭を下げたわけです。

林元衆院議長は、政治学修士直前の私を高校卒と学歴詐

小沢佐重喜

1898年（明治31年）、岩手県の貧農の家に生まれる。丁稚奉公や人力車の車夫などをしながら苦学し、日本大学法律学科の夜学を卒業して、弁護士に。その後、東京市会議員、同府会議員を経て、昭和21年岩手2区から衆院議員に当選、運輸相、逓信相、郵政兼電気通信相、建設相、行政管

称して、日給150円の臨時職員で雑巾がけから、「60年安保国会」の現実を観察させたわけです。
　この仕組みをつくった依岡さんの後日談ですが、衆院事務総長の鈴木隆夫が「臨時とはいえ危険人物を採用することは問題だ」とのことで、しっかりした監視人を置くとの条件を出したようです。

　そういえば、安保国会の当初から請願や傍聴事務をやらされたり、ある時期から「安保条約特別委員会」の現場担当の末席で、与野党国会議員の走り使い役をやらされました。これは、衆院安保特別委員会の小沢佐重喜《さえき》◉委員長が、吉田自由党政権時代に林衆院議長らと戦後復興に貢献した同志だった関係で、吉田・林両先人から私のことを含ませ

理庁、北海道開発庁各長官などを歴任。1968年（昭和43年）没。小沢一郎は佐重喜の長男。

ておいたとのことです。

この小沢佐重喜が、小沢一郎塾長の父親なのです。なんとも不思議な縁と言うよりほかありません。


国会の現実政治を雑巾がけから見ていて、共産主義でこの国が良くなるとは思えなくなります。そうかといって、自民党政治がこのまま続いて良いわけではないと思うようになった頃、昭和35年4月、「2年経っても共産党に入りたいなら、父親を説得してやる」と約束してから半年、林さんが急逝しました。

「騙された」とは思いませんでした。吉田・林両先人が、私を衆院事務局で雑巾がけをさせた真意がわかるようになったからです。

安保国会の騒乱は、わが国の議会政治を全裸にしました。国会運営の改革が国民的要求となり、事務局でも、大学院で専門的教育を受けた人材を採用することになります。こうして私は、昭和36年2月に、衆院参事として採用されました。

共産党についての吉田茂の予言

吉田元首相は、昭和35年11月の総選挙を最後に政界を引退します。後継者に家老役の依岡さんを指名しますが、依岡さんは「そこまで身を落としたくない」と、日本政治への痛烈な皮肉を言って断わり、吉田ワンマンを激怒させます。土佐には吉田さんを怒らせた〝いごっそ〟——土佐人の気質で、信念を曲げない頑固者のこと——が二人いるとの話が残っています。その一人が依岡さんでした（そしてもう一人が、この原稿を書いているわけですが）。

共産主義から転向し、議会民主政治の改革に専念する腹を固めた私は、昭和36年3月に吉田元首相にお礼の挨拶に行きました。その時、吉田元首相が共産党について語った予言が、半世紀過ぎて当っていることに驚かされます。

「ソ連でスターリンが大失敗して、西欧では共産主義は消えていく。日本にとって、中国大陸は資源の輸入や中小企業のために大切な市場だ。米国も中国との貿易を制限するだけでなく貿易を解放して、共産主義は儲からんということを民衆にわからせれば、中国は変わるよ。

日本の共産党は、しぶとく日本人の心の何かを握っているので、時間はかかるが変わっていく。君が社会で活躍する時期になると、若い頃の共産主義の勉強が役に立つよ」

こうして私は「保守本流」の吉田茂・林譲治・池田勇人・前尾繁三郎先生たちから、直接に教育を受けてきました。衆院事務局でも、共産党が孤立していた時期に、相談に応じてきました。

数年前から共産党は必死に国民政党への脱皮に努力するようになり、吉田元首相の予言どおり、最近、共産党の人たちからいろんな相談を受けるようになりました。

平成4年7月、私が参院高知地方区で当選して参院議員となった時期に、「高知県幡多郡旧三崎村平の段」という100戸ぐらいの集落の血を持つ国会議員が3名いたのです。

不破哲三（本名・上田建二郎）衆院議員、上田耕一郎参院議員（以上、共産党）、平野貞夫参院議員（自民党）です。上田家と平野家は不思議な関係で、婚姻関係が６００年もなく昭和35年に1組できました。もっとも夜這関係はあったようですが……。

おそらく歴史の怨念が背後にあったと思います。21世紀の日本に議会民主政治を確立するために、「天命」が動き始めたと感じます。

保守本流とは

「conservatism」の誤訳

現代の政治不信の原因を考えてみますと、「政治とは何か」という原点を、政治家も国民も正確に知ろうとしないことにあると思います。言葉の意味や定義を、それぞれ個人が勝手に使って、意味や定義を共有しないまま議論することが、問題の解決を混乱させているのではないでしょうか。

その中で、日本では「保守」という言葉がきわめて誤解されています。『広辞苑』によりますと、社会的には「旧来の風習・伝統を重んじ、それを保存しようとすること」と解説しています。産業技術的には「正常な状態などを維持すること」と、少しニュアンスは違いますが、まあ、問題はないでしょう。

これが政治用語に使われると誤解が起こります。『広辞苑』は、「保守主義」英語のconservatism《コンサバティズム》の解説を「現状維持を目的とし、伝統・歴史、慣習・社会組織を固守する主義」としています。この「固守」が誤りです。

原因は、江戸時代から日本人が「保守」という言葉を「保守頑迷」といった悪いイメージで使っていたことに由来します。

明治の近代化で、欧米の政治用語を翻訳するようになります。conservatism について、柴田昌吉は「政事の改革を拒むこと」と訳しています（明治6年）。福沢諭吉は「守旧主義」と訳しています（明治12年）。

明治憲法の制定や帝国議会の創設で貢績があり、初代貴族院書記長を歴任した金子堅太郎は、明治11年に米国のハーバード・ロー・スクールを卒業して帰国。明治14年にエドマンド・バークの原著『政治論略』を抄訳しています。ここで conservatism を、「保守主義」と訳し、これが定着していきます。

エドマンド・バークの「保守主義」

「政治」について、真実を学ぼうとする人間は、このエドマンド・バーク◉を知らなければなりません。残念なことに日本では、ほとんど本格的に研究されていません。日本の近代化で政治が遅れている理由は、バークの本格的研究がなされなかったことにある、と私は思います。ちょうどよい機会ですので、バークについて簡単に話しておきましょう。

エドマンド・バークは、18世紀の英国の政治理論をリードした政治家で政治学者で、conservatism（保守主義）の理論をつくった人物です。米国の独立戦争を評価し、仏革命の過激化を批判して『フランス革命の省察』（1790年）を執筆し、英国の政治的良心を論じています。

日本では明治・大正の啓蒙時代に、「保守」という言葉への嫌悪感からか、私の知るところでは本格的に研究した

エドマンド・バーク

Edmund Burke

1729～97年。アイルランド生まれのイギリスの政治家、政治哲学者。長くイギリス庶民院（下院）議員を務め「保守主義の父」として知られるが、所属政党はトーリー党（後の保守党）ではなくホイッグ党（後の自由党）。アメリカ独立革命運動は支持したが、著書

学者は少なかったようです。戦後の学界や政界で、バークの「保守主義論」を本格的に研究したのは、私の人生の師・前尾繁三郎◉元衆院議長でした。

前尾繁三郎は、田中金脈問題やロッキード事件で紛糾した昭和50年前後の3年8カ月、衆院議長として、国会改革で国民の信頼を受けた政治家です。「政治の本質」を究明したいということで、議長を勤めながら『政《まつりごと》の心』（毎日新聞社）を執筆されたのです。

ちょうど私が衆院事務局から出た議長秘書でして、自由民主党が保守党であるなら保守主義の本旨を明確にすべし、とのことで、扱き使われました。明治初期に元老院が購入したバークの書物や、金子堅太郎の抄訳本を、国会図書館から持ち出して二人で研究しました。

『フランス革命の省察』ではフランス革命に反対の立場をとり、対仏戦争を主導した。

政治の根本を考えるに当って、バークの考え方のポイントを紹介しておきましょう。

「人間とは矛盾した存在である。人間は変化を嫌う自然的保守性を持つ半面で、新奇なものを求め変化を好み古いものに飽きる自然的進歩性をもっている」

この人間の「自然的保守性」と「自然的進歩性」は、対立もするし抑制もしあうものです。個人としての人間も、この対立と抑制を適切に調整してこそ生きることができます。

人間の集団である国家社会の運営も、集団として「自然

前尾繁三郎

1905年（明治38年）、京都府生まれ。東京帝大卒、大蔵省主税局長などを経て政界入り。昭和24年に衆院議員に当選。以後、通産相、法相などを経て、池田勇人内閣では自民党幹事長として所得倍増計画を推進した。また衆院議長や、池田勇人のあとを継いで宏池会第2代会長も務めた。

的保守性」と「自然的進歩性」の矛盾という現実の中で行われます。一方が一方を破壊すれば、生きた運動体は崩壊するだけです。
ここまでは、私のバーク理論の解釈ですが、バーク自身に次のような言葉があります。

「保守したければ、改革せよ」

小沢塾長がエドモンド・バークにどれだけ影響を受けているか、本人に直接聞いたことはないのですが、1860年代のイタリアを舞台にした映画『山猫』（ルキノ・ヴィスコンティ監督、1963年公開）で、アラン・ドロン扮する青年タンクレディが口にするセリフを、小沢塾長は好んで

1981年（昭和56年）、75歳で没。政界有数の読書家としても知られ、故郷の宮津市には宮津市立前尾記念文庫がある。

使っています。

〝変わらずにいるためには、変わらなければならない〟

これって、バークの言葉そのものでしょう。そういえば、私が平成4年7月の参院選挙で国政に参加した直後、小沢さんが語った話を記憶しています。

「平野さんは、前尾さんの政治理念や政策を小沢一郎を使って実現しようとする気だ。結構なことだ」

エドマンド・バーク↓前尾繁三郎↓小沢一郎は、政治理念の基本で一致しているのです。

政治における本流と亜流

政治を論じ活動する人にとって大事なことは、本流の立場で言動することです。その理由は、政治行動には必ず「責任」が伴うからです。「本流」とは、川の流れでいえば本筋の流れのことをいいます。「亜流」とは、いろんな流れに追随する流れのことです。

自分の思想や活動の根源は何であるかを、いつも意識している人間を「本流」といえます。それに対して、他人の思想や活動に気をとられ、少し名のある人物に追随し模倣して、独創性がない生き方をするのが「亜流」といえます。ドイツでは「エピゴーネン」といって軽蔑されています。

バークが論じるconservatism（保守主義）は、人間の本能的保守性と進歩性という矛盾を、統合的に再整備するものです。保守主義を看板とする人間で、本質を求めず自己に有利な権威に追随する亜流の人間は、これを悪用して自己の権益拡大に利用しようとします。

大事なことは、本流と亜流の人間の見分け方です。私は前尾衆院議長秘書時代に

「本流に生きる」との教育を受けました。そのとき「本流」と「亜流」の見分け方を教わりました。前尾流の見分け方を紹介しましょう。

① 本流の人間は、自分が追い込まれ不利になっても、嘘をつかず事実を大事にする。

② 亜流の人間は、自分が不利になり困ると事実を曲げて嘘でもって自分を守ろうとする。

実にわかりやすい見分け方ですね。昨今の自公政権をみるに、全員が亜流の人間といえます。特に「森友・加計問題」をめぐる安倍首相と関係閣僚と官僚の国会答弁は、亜流を飛び超えて悪質な政治犯罪ですね。

左翼側といいますか、進歩主義者の中にも本流と亜流の人間が混在しています。かつての社会党の国会議員の中には、キリスト教の信仰と社会主義を連動させ、恵まれない民衆のため奉仕の理念に生きていた人とか。農民運動で苦労を重ねた人物が、党派を超えて国民から尊敬されていました。

戦前は非合法化され、戦後も占領時代を過ぎても弾圧されていた共産党は、国際共産主義という柵の中で苦悩を重ねます。その中には人々のために生命を賭《と》して、思想に生きた本流の人間もいました。同時に共産主義組織の権力闘争で権力を握ることを優先し、思想を蔑《ないがし》ろにする亜流の人もいました。

かつて、ドイツの著名な社会学者マックス・ウェーバーは、『職業としての政治』で「弁護士や新聞記者が議会政治家に向く」と言っていますが。100年昔の弁護士や新聞記者の多くは、近代啓蒙主義を代表する職業として政治に本流の発想を持っていたことは事実です。

21世紀の日本をみますと、ウェーバーの言うような人もいないわけではありませんが、時代の変化というか資本主義社会の劣化か、弁護士や新聞記者で国会議員になりたがる人の多くが、人間として亜流の発想です。官僚出身の政治家も同様といえます。自己中心の権力主義者です。彼らは思想や信条を事故の権力欲の消耗品とします。

原因はいろいろあると思いますが、何しろ頭脳が良く大学などで欧米価値観の教育を受け、物事を形式論理のみで判断する教育を受けています。複雑に変化した21世紀に、これでは、物事の本質を観ることはできません。その変化を国民自身も、本人たちも気が付かないことが問題だと思います。

エドマンド・バークは、カントやヘーゲルらとほぼ同時代に活躍した人物です。カントやヘーゲルらは「純粋理性批判」とか「理念の弁証法的発展」などで、西欧流の近代論理学や啓蒙思想を確立し、現代でも大きな影響を持っており、それなりの評価はします。

バークは、少し味が違うというのが私の理解です。英国経験主義の立場から、言葉や数字で表せない歴史の知恵から、実態的真実を政治の中に見つけようということです。それは、坂本龍馬の発想に共通すると思います。

近代の科学的認識論は、現代の魔物化した資本主義社会を分析する際に限界があり、見直すべきではないでしょうか。バークの保守主義論に誘導されて検証しますと、龍馬の言動は、21世紀の現代に役立つ認識論だと私は思います。

龍馬の「習合主義―四観三元論」

坂本龍馬に関して多くの研究者が見落としているのは、龍馬が「剣豪」ではなかったということです。そもそも北辰千葉道場で龍馬が授かった免許皆伝は「薙刀《なぎなた》」でした。

龍馬の言動の基本にあったのは、剣術家としてのものではありませんでした。むしろ、許嫁《いいなづけ》の千葉佐那から学んだ妙見星信仰にもとづく「妙見法力」という物の考え方、つまり認識論が龍馬の活動の基本でした。詳しくは私が執筆した『坂本龍馬の一〇人の女と謎の信仰』（平成22年、幻冬舎新書）を読んでいただきたい。

龍馬は「妙見法力」から、時代の認識・人間への対応、すなはち激動する世の中への見方と対応など、思想と行動の原点を見つけたと、私は想定しています。龍馬の認識論を、「習合主義─四観三元論」として仮設を理論化したものの、未完成のものなのでご意見なりご批判をいただけば幸いです。

要点を説明します。
「四観」とは、物や現象などを正確に認識する四つの方法のことです。

①高観　高い位置から観よ。
②離観　離れて観よ。
③影観　影の部分を観よ。
④光観　光の当っている部分を観よ。

龍馬は、最低この四つのポイントから観察すべしとの考えでした。欧米の価値観からすれば、④の「光観」を主力とします。日本の近代学校教育はこれが基本でして、物の見方が常に形式的で表面的で、数字や言葉に依存して判断することを本旨としています。多くのエリートが、この発想から抜け出せませんので、わが国の将来はきわめて心配です。

「三元」とは、物事や現象を正確に判断して、その特性を知ることです。
西洋では「弁証法」、東洋では「陰陽術」といわれる認識論が知られています。
私の大雑把な理解ですと、「弁証法」も「陰陽術」も、対立するものを否定・闘争させることで新しい価値をつくるというものです。難しくいうと「矛盾するものを止揚することで、競合的に発展させる」ことになります。

これに対して、龍馬の「妙見法力」という発想には「矛盾の全てに対立があるわけではない」という考えです。

例えば、「熱い」と「冷い」は、一見、対立矛盾関係に見えます。これを「四観」でよく観察しますと、対立関係ではなく「熱源」との距離で「熱く」なったり、「冷く」なる相対的関係です。

「黒」と「白」との関係を考えてみますと、状況をつくるのは「光」の強さです。「光」が強ければ「白」に近づきます。弱ければ「黒」に近くなります。

この「熱源」や「光源」に当たるものを「律」もしくは「中庸」と呼びます。「律」は、困難な問題の原因を見つけ解決するために絶対に必要な「元点」のことです。

矛盾の要素と律を、私は「三元」と名付けています。さらに「律」を見つけるために「四観」があるともいえます。


この「四観三元論」を、私は龍馬の「習合主義」と定義づけています。弁証法や陰陽術は、矛盾を対立として衝突・止揚させます。ここに問題があるわけです。本来、対立関係にないもので、「律」によってコントロールされているものですから、矛盾の要素を「習合」させることによって対立関係を解決することができるのです。

「習合」の「習」とは「学び」です。語源論でいえば、神への祝詞《のりと》を入れる𠙵(サイ)の進化したのが「白」です。それを鳥の「羽」で刺激して効果を挙げるのが「習」の語源です。「合」とは人々の出合いのことです。

私が龍馬の「四観三元論」を「習合主義」としてまとめたいのは、矛盾という現象を対立とせず、難問を神の力を得て解決しようとする謙虚さを大事にしたいからです。


坂本龍馬の最大の功績は、「尊王攘夷」を英国の支援で強行する長州・薩摩派が、「佐幕開国」を仏国の支援で断行する幕府と厳しい対立を続けていけば、日本は植民地となることを見抜いたことです。

そこで龍馬は「非植民地化」すなわち「国家の独立」という「律」に気づき、「尊王開国」という解決策に気づいて薩摩や長州を説得したのです。その龍馬を指導したのが、妙見星信仰で知られている「勝海舟」や「松平春嶽」らだったのです。

太陽と月と星の三位一体信仰

少し脱線しますが、星信仰について話しましょう。人類は古代、太陽と月と星を三位一体として信仰していました。日本の縄文時代はそれを証明する遺跡が各地に多数あります。

「太陽」は繁栄を祈るシンボルで、「月」は変化と無情という人間の心情のシンボルです。「星」はというと平等とやすらぎのシンボルといえます。古代の人々は「太陽」と「月」と「星」をバランスよく宇宙観とする信仰で、自然と共生していたのです。

旧約聖書にある「アダムとエバ」の話ですが、エデンの園でヘビにまどわされ禁断のリンゴを食べ、欲望を知り追放される神話です。これは人類が太陽神中心に変る歴史を示すものと思います。太陽による繁栄を人間は第一の価値観とすることで、文明を驚異的に発展させたといえます。資本主義の原点です。

人類はこの「太陽信仰」で、核兵器をつくり、マネーゲーム資本主義からミリタリーゲーム資本主義をつくり、「アメリカ・ファースト」という大統領までつくり上げ、人類社会を崩壊させようとしています。

日本は弥生時代に移る頃、「太陽信仰」による政治支配が始まりますが、人類の長い星信仰の伝統は現在の皇室行事にも生かされています。

不思議なことに、わが国で時代を区分する歴史変化の原動力となったのが「妙見星信仰」でした。鎌倉幕府による武家政治の確立には、平将門の血を継ぐ妙見星信仰の集団の力が欠かせませんでした。貴族政治の不平等を改革するためです。

戦国時代の幕を閉めた徳川家康の思想は、天台宗の天海僧正と側室・お万の方の法華経の影響がありました。「天台」とは北極星の別名です。法華経は「人間の生命」を最上とする戦争放棄の思想です。

江戸文化とは、太陽も月も「星」の中の一つだという宇宙観で構成されていました。人類は夜空から不動の星「北極星」を見つけて、方向を感知しました。また不動の「北極星」を定時的に回る「北斗七星」を知って、時間を感知するようになったのです。

幕末、崩壊しかけた幕藩体制を改革した思想的基層は、人間の平等と民衆の幸せという妙見星信仰でした。明治維新以後、長州や薩摩の藩閥官僚は、廃仏毀釈《はいぶつきしゃく》で星信仰を否定し、天皇を利用して軍事独裁国家をつくり敗戦の亡国となりました。

敗戦後、奇跡的繁栄国家をつくったものの、米国の不条理な資本主義体制に従属する政治家や官僚によって、日本は人類破滅の先頭に立っています。その輩が「明治維新150年」の祝事をやろうと、馬鹿乱騒ぎが始まっていることに、私は怒りを憶えます。

小沢一郎さんが「縄文人の心に立ち返る」と叫んでいる意味は、私にとって「太陽」と「月」と「星」の三位一体の信仰の心に返り、「星」の平等とやすらぎを人類社会の本流とする考えに戻る意味だと思います。

保守本流からの警鐘①

政治・国会劣化の原因

野中広務さんの思い出

今年（2018年）1月26日に野中広務さんが逝去されました。小沢一郎さんと私の3人の不思議な関係はあまり知られていません。私を参院議員への道をつくったのが、竹下元首相と野中さんでした。渋る私の背中を押したのが小沢さんでした。

野中さんの狙いは、私を竹下派の国会議員として経世会の勢力拡大に活用しようというものでした。私自身は、自民党の金権政治を止めるため、海部―小沢政権が失敗した政権交代を可能とする『政治改革大綱』の実現が自分の使命と思っていたので、応じるつもりはありませんでした。

そこに小沢さんから「政治改革の実現は衆院事務局にいては限界がある。まず自民党を改革しないと日本が危くなる。竹下・野中には騙された振りをして応じてくれ。国会議員になろうと思ってなれるものでない。自民党が改革できなければ潰そう」と口説かれて、腹を決めました。

平成4年7月の参院選挙で、高知地方区から保守系無所属で当選し、翌5年2月に自民党に入党した5カ月後に、非自民政権が樹立し、38年続いた「自民党独裁政権」が崩壊するという展開になりました。

この革命的展開の主役が小沢さんで、その側近として活動した私に対して、竹下・野中さんは「恨み」を突き貫けた「怒り」を持ったのです。

しかし、野中広務という政治家は、自分の意向に背く行動であっても、国家人民のための行動する人間は評価する人物でした。

私が野中さんの恩人である前尾元衆院議長から信頼されていたこともあって、愛と憎しみの「アンビバレント」な感情を持っていたようです。国政の重大問題などで「小沢を口説いてくれ」とか「前尾さんならどうしたか」など、しばしば接触があり信頼関係はありました。

野中さんとの話で強烈に印象に残っているのは、私が平成16年に引退するときでした。京都の嵐山の故前尾先生の法事の席で、野中さんから私に「後藤田正晴先生の伝言を聞いてくれ」と言われたことでした。

「野中が辞め小泉政治を止める政治家がいなくなった。小泉政治を続けていると、米国の属国になるぞ。小泉が一番嫌いな政治家は平野だ。平野を説得して引退させるな……」

残念ながら、後藤田さんの要望を聴く状況ではありませんでした。あの時から14年の才月が流れ、後藤田正晴さんのいうとおりになったと驚いています。保守本流を理解する政治家はほとんど他界しました。

政治のあり方をいかに考えるか

これから本題の、保守本流から日本政治への警鐘という話に入ります。警鐘の対象にするのは「議会政治の劣化」「憲法9条問題」そして「野党協力問題」のテーマです。

まず、「日本政治への警鐘」ということですので、「警鐘」する私の立ち位置を述べておかなければなりません。

私が保守本流の先人や政治体験から積み重ねてきた政治とは何かを、ひと言でいいますと、

「政治はあくまでも現実と権力の上に立たなければならない。しかし、理想と正義を忘れた政治は、もはや政治とはいえない」

となります。これは前尾繁三郎先生から教わったことです。

議会や行政は、社会的経済的権利や利害を争ったり調整する厳しい場であり、権力をめぐる争いや人間の生きる現実の処理ですので、ユートピアではありえません。

とはいえ、政治の現実が権力の争い、そして権謀術数だけのものとはいえません。一定の政治の現実を容認すると同時に、政治に理想が必要なことは当然のことです。

理想とは夢も含め、政治の実態や生活を改善しようという思いですので、大切な要素です。

問題は「政治における正義」とは何か、ということです。まず、最近はこのことを議論する政治家や有識者がほとんどいません。

これが大変に深刻なことです。「政治における正義」を理解せずに、政治を行う政治家が圧倒的に多数なのが、現在の日本の実情です。

歴史の中でこのことがどう論じられてきたか、大雑把に見てみましょう。

ギリシャ時代にアリストテレスは「能力に応じた公平な分配」を政治の正義といっていますが、これは支配階級としての市民にだけ適用し、多数の奴隷を排除した話です。

近代になって「社会構成員の自由と平等・法の下の平等」を実現することが政治に

おける正義だ、という啓蒙思想が出現します。近代国家の政治が目指す「正義」をまとめていえば、「人間の平等が、正義の究極」となります。21世紀の日本の政治家で、何人がこの啓蒙思想を理解しているのか疑問です。

何故、人間の平等が究極の正義になるのか、これも大事な問題ですが、人間の自由を進歩させるからである、という仮説が出来上がったからです。そして「真の自由に基づく機会の平等、能力に応じた平等を、人間社会の原理とすべき」という近代政治理念が成立していきます。これが21世紀に至る近代国家の政治原理で、大事な考え方です。

しかし、21世紀の魔物化した資本主義を龍馬式「四観三元論」で観察したとき、自由と平等が人類の普遍的現実になっているかどうか疑問が残ります。「自由」や「平等」を謳歌しているのは、特定の富裕者や権力者に限られているのが現実とは思いませんか。自由を放任すれば、平等は実現できません。

所有欲求を拡大させ、排他的競争による拝金活動で富を得ている人間だけに、自由と平等という原理が機能するようになっているのです。

地球的規模で人間のあらゆる面が、表は公正に見えても、実体は差別という病源菌によって、格差社会を加速度的に増進させています。この事態を続けると、早晩、人類社会は修羅と化していくでしょう。

「人間は社会的動物である」という評価を続けるためには、現状を放置できません。「機会や能力に応じた平等」というだけの、所有欲求拡大拝金主義者が悪用する原理に代わる、「新しい平等理論」の創造が必要です。日本の縄文時代の約1万年、殺戮がない奇跡の歴史を考えると、「自由であるからこそ平等」という人間社会があったことが、参考になると思います。

大変に難しい問題で議論となりますが、私は「一定の結果の平等の保障」という仕組みを検討すべしとの考えを持っています。「ベーシック・インカム」の制度などを検討してみてはどうでしょうか。

政治における正義を実現する仕組み

政治における正義について、ごく簡略に話してきましたが、次に、具体的に正義なるものを実現する仕組と問題点について触れておきます。

ごく一般論として申しますと、人類の歴史は、「正義」について人間が時間と場所に応じて具体的に判断してきました。それには時として紛争が生じます。力の強い者が勝ったり、宗教的呪術によって処理したり、原始共産時代には全員参加（河原会議）で決めた話が残っています。

近代になって啓蒙思想が発展しますと、市民が代表者を選び、議会を構成して「多数原理」によって、量的に決定することを考え出しました。これが「議会政治」といわれるものです。

「議会政治」というと、人類の智恵による最高の政治制度だと、義務教育では教えられています。正確に申しますと、現在の「代表制議会主義」は、独裁主義などと違って、「政治的正義」を決めるのに、より適切な仕組であるとは言えるでしょう。しかし同時に、その限界を理解しておく必要があります。

国家の運営を議会政治で行う際に、政治における「正義」に関わることを、多数決で決定することになります。その場合、「正義」という人間の価値観を伴う質的なものを量的に判断することになります。

議会政治が多数決によって決定することに、「絶対的正義」はなく、「相対的正義」であることを肝に銘じておかなければなりません。とはいえ、議会の決定というのは法律など強制力が生じます。なかなかに切ないことです。

大事なことは、「議会政治」に限界があることを理解し、その限界を護ることに国民的同意が必要だということです。

具体的に申しますと、多数決に限界があることです。真・善・美など価値観に関わることへの多数決は、条理からいって対象になりません。さらに多数決を使う場合の条件が大事です。少数者の意見表示権や法規で認められた抵抗権の尊重です。さらに議会の活動で虚偽の言動は絶対にあってはなりません。

そして国民の多数意志でつくられた政権に問題があれば、次の選挙で国民の意志により「政権交代」を可能にする、というのが「議会民主政治」というものです。必ず腐敗する「権力」を浄化するために必要なことです。

ほとんどの日本人が、こういう「議会政治」の基本を理解していません。こういう問題意識で、保守本流の立場から、現在の日本政治に警鐘を発信しておきたいと思います。

日本の議会政治の段階的劣化――第一期劣化

戦後政治史の実際を振り返っておきましょう。

実は私は、戦後日本の議会政治は、ある時期から段階的に劣化してきたと、理解しています。

昭和20年（１９４５年）８月の敗戦後、復興、そして豊かな国づくりに奇跡的に成功した日本ですが、私は昭和34年秋に衆院事務局に勤めるようになります。それ以降の日本の議会政治の実情については、体験的にも理論的にも理解しています。

それ以前の14年間は、小学生から大学生でしたので体験的な知識はなく、先輩からの話や研究書によるものです。

率直に申し上げますが、昭和22年5月に新憲法が施行され国会が発足して、占領・米ソ冷戦・独立・高度経済成長などの戦後歴史の中で、わが国の議会政治は昭和50年代前半頃（〜１９８０年）まで、混乱あり正常化あり金権疑惑あり、議会政治の悪い面のオンパレードでした。

それでも昭和35年の「安保国会」以後の保守本流政権は、議会民主政治の定着に一定の役割を果したと思います。従ってこの時期までのことを、「議会政治の劣化」という概念で捉えることには問題があると思います。

第一期といえるのは、世代交代を原因とするものでした。昭和50年代に入り、明治生まれの与野党の政治家が死亡したり引退したりなどして、大正・昭和戦前生まれに世代交代します。政治のイニシアチブが大正・昭和初期生まれに移りました。

明治生まれの政治家には、与野党の対立を超える共通する思想がありました。それは「人間平等論」による公正な分配要求でした。中小企業や農家の支援を受けた自民党衆院議員が、質疑の冒頭に「天は貧きを憂わず、等しからざるを憂う」と始めると、野党席から拍手が起っていました。

当時、自民党指導者の中には官僚やマスコミ出身の大物がいて、貧しい家庭生まれが多く、地域の篤志家の援助で高等教育を受けて出世した政治家が何人かいました。貧しさの苦労や社会へ感謝する気持ちを持っていたのが、前尾繁三郎さんや保利茂さんたちでした。

それに大正デモクラシー時代に旧制高校で、啓蒙思想だけでなくマルクスの『資本論』なんかも学んでいて、思想に殉じた親友にコンプレックスを持っている、そういう政治家もいました。

前尾繁三郎さんと福田赳夫さんは、一高・東大・大蔵省と同期でした。三木内閣時代に前尾衆院議長と福田副総理の二人が料亭で時々会っていて、私が決済を取りに行くと、「そこに座って、話を聞いていけ」と、旧制高校で『資本論』を学んだ話や『論語』の精神などの説教的教育を受けました。その時の感想です。

共産党の衆院議員で、東中光雄という議院運営委員会理事を長くやった政治家がいました。海軍兵学校の教官をやっていた苦労人でした。昭和56年7月に前尾元議長が急死した直後に、東中さんが私に語ったことが、当時の状況をよく表しています。

「保利茂元議長が他界し、前尾さんが急死して、明治生まれの自民党政治家が国会から姿を消していく。この人たちは保守本流の立場から議会政治を理解していた。君たちは、しっかり薫陶を受けてきた。
これからは大正生まれの中曽根・宮沢・竹下たちの時代となる。本流の発想がなく心配だ。君たちがしっかり支えないと、日本の国会はどうなるかわからなくなる」

時代をよく見ている話に、驚かされました。

大正生まれの政治家を代表する人といえば、田中角栄・中曽根康弘・宮沢喜一です。この人たちは、野党政治家と政治理念を共有するものはなく、あるとすれば、それぞれに形を変えた金権政治としての繋がりでした。また明治生まれの政治家の政治遺産を、善悪両方の意味で継承していた面もありました。

昭和生まれといえば、昭和初期の人たちは、戦後「アプレゲール」といわれ、思想的に安定せず問題がありました。一方で、戦争体験と戦後の貧困を知っているこの人たちの活動は、国会の劣化というより、新しい風といえなくもないと思います。

昭和40年代の後半から、昭和生まれの二世議員や議員秘書・労組出身者から国会議員になるケースが増えます。

この人たちの特徴は、米ソ冷戦下の安定した日米安保体制で、一国平和主義や一国繁栄主義で育ち、思想対立よりも生活向上を志向しました。その結果、政治の理念とか国政のあり方などより、予算の箇所付けや補助金の配分など行政行為が、政治の中心的役割と考えるようになります。

かくしてこの時期に、「政治家の行政官僚化」と「行政官僚の政治家化」という現象が起きました。政治家が政治の根っ子を考えようとせず、行政と密着して情報を得て選挙区に伝えたり利権に利用するのが、自民党政治家の仕事、という政治文化が誕生するわけです。

政治家の発想に重厚さがなくなり、税金を利権に代えるノウハウを政治力だと、多くの政治家や有権者が錯覚するようになります。こうなると「議会の劣化」と言わざるを得ません。

この時期の二世議員たちの多くに、もう一つの特徴がありました。それは、知らないことを積極的に学ぼうという意志でした。最近の与野党の若い高学歴の国会議員には、「学ぼう」という意志が欠けているように思えてなりません。自分の知らないことは存在していない、という発想の人物が何人かいます。

政治家は「自分の知らないことを自覚すれば、早く成長する」といわれています。一人の人間が世の中の全部を知ることは不可能です。「知らないことを知ること」が、政治にとってもっとも大切です。教えてもらえれば、知ることができますから。

第一期の世代交代による「議会劣化」の時期に国会議員となった政治家の中から、平成時代に、選挙区での人気取りのため政治改革や国の基本改革に参加する議員が多数いましたが、自民党ではほとんどの人たちが利権政治に里帰りしています。

日本の議会政治の段階的劣化——第二期劣化

昭和60年代から平成初期にかけて問題となった「リクルート事件」など、異常バブル経済時代に発覚した「金権腐敗政治」を、私は「第二期の議会劣化」と名づけています。

この異常バブルの兆候は、石油ショックを凌いだ日本が、資源環境問題を政策の正面に置いて高度経済成長政策の見直しを断行することをせず、米国の安保政策や資本主義に追随したことを原因としたものです。

中曽根政権の成立は、民活と対米救済のドル対策で「プラザ合意」に至り、わが国に異常な株や不動産のバブルを生じせしめました。平成2年の暴落まで、日本人のほとんどが金権腐敗バブルに酔いしれ、「金さえあれば心まで買える」と驕り、金権民族化しました。中でもわが世を謳歌したのは政治家でした。その中で最も悪質な「リクルート事件」に国民の批判が集中します。

この事件はバブル最盛期の昭和63年6月、竹下自民政権が「消費税制度」を導入しようと準備し、そのために「消費税国会」と呼ばれる第113回臨時国会の直前に発覚します。消費税関連法案という重要案件と疑獄事件が絡み、大紛糾となりました。

二つの疑惑が「議会の劣化」といえます。

第一は、自民党の総理経験者・幹事長等首脳、野党幹部及び秘書（共産党を除く）等数十名が、リクルート社関係の上場直前で大幅値上り確実といわれる店頭株を、リ社のノンバンク資金を貸与して購入した事件です。

捜査当局は従来なら贈収賄罪の対象にしなかった問題でしたが、国民の批判も強く捜査の対象としました。

第二は、民活がらみの贈収賄問題として、中曽根前首相に容疑が生じ、捜査の対象となったことです。百数十億円もするという米国のスーパーコンピューターを、民営化したNTTが活用するためリクルート社が関わることに、中曽根首相が関係したという容疑でした。

野党は中曽根前首相の証人喚問を要求、中曽根側は拒否します。政権の後継者である竹下首相が、中曽根前首相を野党や捜査当局から護れるかどうかが問題となります。昭和天皇の崩御と重なり、大変な事態となりました。

中曽根前首相の国会証人喚問題は、与野党の攻防から竹下首相と中曽根派の権力闘争へと変わり、消費税制度を成立させ長期政権を展望していた竹下首相が、派閥抗争の中で不利となる情報が続出します。

中曽根前首相への贈賄が、首相経験者の基準とする捜査当局の判断に達したとの情報があり、衆院事務局として国会運営の現場責任者であった私は、秘かに「逮捕許諾要請」が法務省から提出された時の準備をしたほどでした。

しかし事態は、平成元年度総予算が4月後半になっても衆院を通過できないほど紛糾します。竹下首相は政治責任をとり内閣総辞職を決意し、中曽根前首相との権力闘争に負けます。

リクルート事件の捜査は、検察の最高責任者が「巨悪は眠らせない」と公言して国民に期待を持たせていましたが、事実上の捜査終了報告後、衆院予算委員会の証人喚問に応じた中曽根前首相が「自分は関わっていない」と証言。

また店頭株の購入問題はウヤムヤとなり、別件で中曽根政権時代に官房長官を歴任した藤波孝生さんが「在宅起訴」され、政治生命を失うことになります。巷間《こうかん》、中曽根前首相の身代りといわれました。さらに公明党の池田克也さんが「在宅起訴」となっています。

この事態に国民世論は怒りの声を挙げました。マスコミ・有識者・財界・労働者ら一斉に国会のあり方と検察を批判しました。与野党に対する「議会政治劣化」への反発でした。

自民党の中には、バブル経済が起こした「金権政治」が自民党を潰すことになると心配する保守本流の長老がいました。後藤田正晴、伊東正義という政治家です。

竹下首相は消費税制度の成立に見通しがついた昭和63年11月末、私に意見を求めてきていました。私は、「政治構造の流動化が始まっており、1990年（平成2年）頃から政党再編が始まる。そのため、かねてから主張されている〝政治改革〟をテーマとし、具体的に実現させていくべきだ」と、『税制改革後の政治展開について』というレポートで進言していました。

不本意な退陣となった竹下首相は、中曽根前首相への経緯もあり、後藤田・伊東両長老に要請して、急遽『政治改革大綱』を策定してもらうことになります。

平成元年6月2日、竹下首相は総辞職にあたって、5月下旬に自民党の政治改革委員会（会長・後藤田正晴）がまとめた『政治改革大綱』の実現を、自民党の両議院総会で要請し国民への公約とします。

内容は、衆院に比例代表制を加味した小選挙区制を導入し、政権交代を可能とすること。国会・地方議員の資産公開、寄付等の規制、政治資金による株式売買の規制、派閥や族議員の弊害を除去し、わかりやすい国会の実現などでした。

平成４年１月、共和汚職事件で紛糾する衆院本会議。当時私は委員部長で、議事運営の件で宮沢さんから相談を受ける。

竹下首相は画期的な『政治改革大綱』の実現を、全自民党国会議員を通じ国民に金権腐敗政治の改革を公約することで、劣化した議会政治の回復を期待させました。

ここまではともかく、竹下首相の後継となった宇野宗佑首相の女性問題が発覚し、厳しい世論の中で「政治家の劣化」が批判されました。

同年7月の参院通常選挙で、自民党は過半数を割り衆参逆転が起ります。土井たか子社会党委員長の「山が動いた」の一言が物語っています。自民党の劣化が吹き出ました。絶体絶命の自民党は、海部俊樹首相─小沢一郎幹事長体制に、政治改革による党勢回復を賭けることになります。

日本の議会政治の段階的劣化──第三期劣化

新憲法下、日本の議会政治劣化の第三期がいつ頃から始まったのか。これについては、いろんな議論があり結論は慎重でなくてはなりません。

平成元年7月の参院通常選挙で、自民党は過半数を割る逆転現象に追い込まれます。その事態に対処するためのカードが、海部―小沢コンビによる『政治改革大綱』の実現でした。

これは自民党を再生するため、自民党から提案された構想でした。平成時代の30年間の政治をひと言でいえば、この『政治改革大綱』の実現をめぐって、与野党の枠を超え本当に日本を改革しようとする勢力と、それに抵抗する勢力、さらに改革の仮面をつけた官僚や財界マスコミなど、既得権を守ろうとする勢力との政治闘争であったといえます。

海部―小沢コンビで、政治改革がスタートする時期の情況を知ることができる話をしておきましょう。

海部政権が8月10日に成立して2週間過ぎた8月24日でした。夕刻、小沢幹事長に赤坂の料亭『浅田』に、私は呼ばれました。そこでの話の要点です。

小沢幹事長　私が幹事長になったのは、ポストを求めたのではない。竹下さんは反対したが、金丸さんから強く言われたからだ。国際情勢も変化し、自社55年体制で政治をやれなくなった。大変化の時代だから引き受けた。よろしく頼む。

平野　これまで吉田元首相やお父さんの関係で、個人的に意見を言ってきたが、これからは与党の幹事長だ。衆院事務局職員として限界がある。

小沢　自民党には、僕の考えをわかる人は少ない。なんとしても自民党を改革したい。言いたいことがあれば、いま言ってくれ。

平野　政治改革が大事だといって『政治改革大綱』をつくっても放りぱなし。解党的改革をしないと、国民から見捨てられます。

小沢　このままなら、2年に一度、派閥のボスは捕まるだろう。僕は総理になるためのカネ集めをする能力はない。総理になるつもりもない。自民党の解党的出直しをしたいのだ。もしそれができないなら、自民党を潰す。国家国民のために必

平成７年５月、海部新進党党首（左）、細川元首相（左から２番め）、羽田副党首（左から３番め）と、７月に予定されている参議院選挙対策について協議。

要なのだ。ぜひこれからも相談にのってくれ。

政権交代を可能とし、金権政治を正常化する政治改革について、与野党はそれぞれ複雑な事情を持っていました。

自民党と社会党は40年近く続けた「自社55年体制」が爛熟し、事実上の連立政権でした。利権政治を絶対に続けたい自民守旧派は、政権を独占することが絶対条件でした。社会党は官公労組を中心に、自社体制の既得権の維持拡大を続けることをベストとし、政権を担当するという責任と苦労を避けていました。共産党は、小選挙区制導入に共産党を排除する意図があるとして猛反発し、自社談合の議会政治に馴《なじ》めない距離を持っていました。

社会党の若手の一部・公明党・民社は、強い国民世論を受けて、政治改革への理解を示していましたが、国家国民のためという思想性については、それぞれに濃淡がありました。

海部・小沢政権は、平成元年12月の米ソ冷戦の終結という激変を受け、翌2年2月の総選挙で自民政権を継続させた後、5月に次国会での『政治改革大綱』の実現を決意します。しかし、8月の湾岸紛争対応のため「政治改革」は1年遅れ、翌3年8月の臨時国会から始まります。

以後政治改革が実現するまでを簡明に説明しておきましょう。

この海部政権による「政治改革国会」では、与野党の守旧派の総攻撃で政治改革関係三法案が廃案となります。原因に、小沢幹事長が東京都知事選挙敗北の責任をとって辞めた後、政治改革特別委員長に就任する直前に、心臓病で長期入院したことがありました。

海部首相は総辞職し、宮沢喜一さんが後継の首相となります。政治改革を潰した与野党の守旧派に、国民世論は怒りを暴発させました。

この時期、私は衆院事務局委員部長として、政治改革の事務責任者をやっていましたが、守旧派の政治家との軋轢《あつれき》もあり、平成4年2月に事務局を辞め、保守系無所属として7月の参院選挙に出馬の準備に入ります。

4月には政・財・労・学・言論界の有志による『民間政治臨時調査会』が結成され、政治改革は待ったなしになります。

宮沢首相は『政治改革大綱』の実現に理解を持っていましたが、梶山幹事長が友人の村山富市社会党国対委員長らと提携して、政治改革潰しを画策していきます。『政治改革大綱』を策定し、自民党としてその実現を公約した竹下元首相も、政権交代の仕組みづくりに消極的になります。

そんな情勢の中、宮沢首相が平成5年6月に入ってTVで国民に公約した政治改革の実現を、自民党内の反対で断行できなくなります。野党は内閣不信任案を提出して責任を追及、自民党の羽田・小沢グループが賛成して可決となりました。

衆院は解散となり、羽田・小沢グループと武村グループは自民党を離党し、それぞ

平成14年2月、参院本会議で米国従属の諸政策について厳しく追及。爾後、私は小泉首相から「もっとも嫌いな政治家」と言われることになる。

れ新党をつくります。総選挙の結果、自民党は単独過半数に届きませんでしたが第一政党で、誰もが、自民党中心の連立政権ができると予想していました。

それが小沢新生党代表幹事の発想と活動で、奇跡的といわれる「非自民細川連立政権」を樹立させます。社会党・新生党・公明党・日本新党・民社党・新党さきがけ・社民連・民主改革連合の八党会派により、38年間続いた自民党単独・独裁政権を崩壊させました。

わが国の議会政治が国際的に評価され、国内の世論調査の細川政権支持は70%を超えました。この時、私は小沢側近の新生党参院議員として関わりましたが、「無血革命が起こった」と思いました。

この「無血革命」の反動は、自民党の中に消すことができない小沢さんへの「怨み」をつくりました。社会党の既得権者の中にも、自社55年体制への回帰を公然と語る人もいました。さらに改革の仮面をかぶりながら、権力欲を拡大させる指導者もいました。「無血革命」の結果は、わが国民主主義の未熟さを露呈する深刻な問題を提起することになります。

非自民細川連立政権は、「政治改革政権」としてスタートし、散々の苦悩を重ね政権を樹立させて5カ月目、年明けの平成6年1月29日に、次の政治改革四法を成立させます。

- 公職選挙法改正（小選挙比例代表制）
- 衆院選挙区割法
- 政治資金規制法改正（企業・団体献金は政党と政治資金団体に限るとし、政治家個人に対して禁止、5年後に見直しなど）
- 政党助成法（国の政党交付金によるよる助成制度の創設、交付金総額は人口に335円を乗じた額）

この政治改革4法案は、与野党の複雑な思惑があり、参院で与党社会党から17名の造反者が出て否決されました。両院協議会が開かれ、自民党の要求をほとんど丸飲みして成立した事情があります。非自民細川連立政権にとって政治改革という名目を優先させたわけでして、不満を残すものでした。

この政治展開の背景には、自民・社会・新党さきがけの幹部議員の中に、細川連立政権を倒閣する工作が始まっていたのです。その年の6月には村山自社さ連立政権が成立し、自民党が10カ月で政権に復帰することになります。

これ以降のわが国の議会政治は、自民党がどのようにして政権を維持していくか、利権政治を拡大するかを巡って、それに協力する勢力や阻止し改革しようとする勢力が入り混った政争だったといえます。

細川首相が退陣した後、私に語ったことは。

「私の政権が発足したその日から、武村内閣官房長官は倒閣工作を始めていましたよ」

このひと言が当時の情況を言い尽していると思います。

平成5年に非自民細川連立政権が成立して、本年（平成30年）で25年となります。この間のわが国の議会政治の情況をどう見るか。「劣化」と見るか、「混乱」と見るか、「活性化」の時期もあったと見るか、難しいところです。

率直に申し上げて、私は平成21年（2009年）8月の総選挙で民主党が圧勝し、自民党に代って政権を握るまでの日本の議会政治は、混乱はありましたが「劣化」ではなく、むしろ活性化していたのではないかと思っています。

この民主党への政権交代は、わが国で初めて民衆がつくった政権でした。それまで何回か政権交代がありましたが、すべて政党同志による話し合いによるもので、わかりやすく言うと「談合」によるものでした。

麻生自民党政権による、手を変え品を変えての政権交代阻止、国策・でっち上げ「陸山会事件」で小沢民主党代表を政治的に葬ろうとしましたが、国民は70％を超える投票率で歴史的政権交代を実現させたのです。

この政権交代で私は「ようやく日本に健全な議会民主政治が定着した」と、小躍りしたものでした。スタート時の鳩山政権は政権運営に不馴れだったで済まされるところですが、菅首相と野田首相に至っては、議会政治の原理を冒涜したものでした。

よく知られていることは、政権交代の総選挙で公約した「消費税増税は任期中には行わない」という政権存立の重要課題を、財務省官僚に強要されかつ自民・公明の首脳に騙されて、野田首相が断行したことです。議会民主主義に反逆したことへの責任もとっていません。

あまり知られていないことに、菅政権が最高裁や法務省など利用して、小沢さんを罪人にしようと画策したことがあります。これは近代国家として許されることではありません。この権力による犯罪行為が闇の中で行われたのです。

これが第三期の議会政治の究極の劣化です。この謀略事件については私の調査結果を説明しておきましょう。

陸山会謀略事件の総括

小沢さんの「陸山会謀略事件」は、政権交代を阻止せんと麻生自公政権が国策捜査として始めたことです。民主政治として許されることではありません。しかし保守亜流政治ではありうることです。麻生政権は検察の総力を挙げ、小沢さんを攻めましたが、逆に噂の不正行為はなかったことを証明する結果となりました。

本当の悪は、菅民主党政権幹部の弁護士政治家たちです。小沢さんが「不起訴」となったことを不満とし、小沢さんの政治活動を妨害するため「検察審査会」に、市民団体が不起訴処分への不服申し立てを行っていました。

菅政権がこれを利用し、最高裁と法務省と共謀して小沢さんの政治生命を絶とうとした、TVドラマにもない事件でした。事実は小説より奇なり、とはこのことです。

ごく簡単に背景を説明しておきます。

政権交代した鳩山民主党政権は、予算の適正な使用の「仕分け」で、国民の支持を得ようとします。「仕分け」で不法・不適切な問題が見つかると、民主党議員は所管の委員会で取り上げていたのです。鳩山政権の良い評判が続いていた平成22年4月頃、衆院法務委員会で問題になったのが、法務省所管の公益法人のK理事長への金銭疑惑でした。

K理事長は元最高裁判事で、法務省官房長・民事局長を歴任した法曹界の重鎮で、刑事事件の可能性がありました。もし事件化すれば、最高裁も法務省も著しく権威と信頼を失うことになる問題でした。

最高裁と法務省は、民主党政権幹部の弁護士政治家たちに「揉み消し」を要請したようです。法務委員会での追及を止め、直ちに公益法人を解散し、新聞報道した読売社会部記者を地方支局に移動させるとの処置が続きました。このことは民主党政権の最高裁と法務省への重大な「貸し」になりました。

6月になって民主党政権は、鳩山首相から菅首相に変わります。検察審査会が小沢さんに「起訴相当」を議決をする状況の中で、政権のトップに就いた菅首相は「小沢一郎を政界から排除」の方針を決めます。あるマスコミ幹部たちのアドバイスがあったようです。

民主党代表として政権交代の基盤をつくった小沢元代表への菅政権の仕打ちを、良識ある市民は批判しましたが、巨大マスコミの多くが「小沢排除」の波をつくり、手段を選ばず追い込みます。

菅政権に「借り」のある最高裁と法務省は、検察審査会制度を乱用・悪用、検察は証拠の捏造と捜査報告書の捏造までして、翌23年1月に小沢さんを「強制起訴」しました。

多数の市民による「小沢・冤罪」を叫ぶデモが全国的に広がり、良識派の司法関係者の支援を受けて、東京地裁で無罪の判決となります。権力の手先たちは東京高裁に控訴します。ここでも無罪の判決となり、控訴を諦め、無罪が決定します。平成24年

12月、野田民主党政権が暴走解散を行う直前でした。

近代日本国家の「政権と司法」による異様な権力犯罪の残したものは、何であったか。それは、本格的政権交代を可能にする議会民主政治を定着させる4年間を、「小沢排除」で空転させたことにほかなりません。さらに「政権と司法」による権力犯罪の実態が見えにくいため、国民が司法権力に不安感を深めたことです。

何よりもわが国の議会民主政を発展させる旗手として、国民の多くが期待した菅民主党政権が、民主国家にあるまじき不条理な政治に手を汚したことに対する国民の不信感です。

左翼亜流の内ゲバ出身で弁護士族の政治家たちが、人間の顔をした化け物であることを証明しました。そのことが闇の世界で行われ、目に見えないまま誰もが責任をとっていないことに、国民はイライラとモヤモヤの感情を持ち続けるようになったと思います。

平成29年10月の安倍首相による憲法違反の解散に伴う、小池希望の党騒動の総選挙で、旧民主党から名を変えた「民進党」が四分裂したのは、「小沢排除」の陸山会事件の総括ができていなかったことに原因があります。

「4野党」が「6野党」となり、中には旧社会党に里帰りしたような政党もあります。野党協力による政権交代の目は小さくなりました。安倍自公政権は「凶暴化」を「狂暴化」させ、憲法改正による戦争国家への道を驀進し始めました。

わが国の議会政治は「劣化」から「危機」と「崩壊」の情況になりました。これに終止符を打ち、健全な議会民主政治を創設するため、誰の力が必要か。旧民主党の自己中心主義者は考えたことがあるのでしょうか。早急に「小沢排除・陸山会事件」を総括する必要があります。

平成はあと1年で終ります。リクルート事件の反省で始まった「政治改革」を誠実に実現しようとした小沢一郎の智恵と力を活用することが、日本国民の幸福と国家社会の発展の礎となると確信します。半世紀近く小沢一郎と行動を共にしてきた私の遺言として、ご理解いただきたいと思います。

保守本流からの警鐘②　憲法9条問題

中曽根さんから逃げ回る

昔話になりますが、中曽根首相が退陣した直後、昭和62年の冬でした。故人となりましたが、親しかった与謝野馨衆院議員に誘われて、四ッ谷の小料理屋で一杯飲んだことがあります。酔っ払った私が、

「憲法九条を護ってきたのは、護憲の土井たか子ではない。過激な再軍備論を主張した中曽根さんの功績だ」

と言ってしまいました。

与謝野さんは、翌朝、中曽根さんにこの話をしたところ、「面白いことを言う。つれて来い」とのことで、中曽根さんと会うよう口説かれました。

幸か不幸か、私が指導を受けた自民党の長老の政治家全員が「中曽根嫌い」でして、私は、その影響を強く受けていました。吉田元首相や林元衆院議長は「憲法改正再軍備論」で、正面衝突していました。園田元衆院副議長の秘書役時代に、中曽根—園田

は河野派のライバルでした。前尾衆院議長時代には自民党幹事長で、前尾さんは人格批判までしていました。私はなんだかんだ理屈をつけて、7年間逃げていました。

中曽根元首相と会う羽根になったのは、平成6年6月末、改革派が海部さんを擁立し、反改革派が村山さんをかつぎ、自社さ政権ができた時です。負けた改革派の海部さんに投票してくれた中曽根さんに、「お礼の挨拶に僕の代理で行ってくれ」と、小沢さんに要請されたからです。

砂防会館の中曽根事務所に行くと、「ようやく会えたな」と、与謝野さんとのことを記憶していました。私の発言の意図を聞かれたので、「過激な言動は、ポリティカル・パラドックスとして逆効果となる」と説明しました。この時期から中曽根さんの発言は「国民の総意で憲法改正を行う」ということに変わります。

あれから四半世紀が過ぎ、憲法9条を中心にする改正論議は、すっかり姿を変えました。中曽根式のポリティカル・パラドックスの現象が、日本では機能しなくなりました。

これまでの9条護憲運動の限界

私がこれまでの「9条護憲運動」に疑問を持ったのは、平成27年の「安保法制国会」で、9条護憲・立憲政治確立が全国的に盛り上がったにもかかわらず、翌28年の参院通常選挙で簡単に改憲勢力が3分の2の議席を占めたことで、その理由がわからなかったからです。

「安保法制国会」を機会に、共産党の提案で野党四党の協力体制ができ、各地で市民連合が結成されました。私も昨年（平成29年）の総選挙までに、全国で30カ所ぐらいに参加しました。その時、何人かの憲法学者の話を聞き、9条護憲運動に限界があることに気がつきました。

33年間、私は国会事務局で仕事をしていましたが、もっとも大事な役割は「憲法の解釈と運用」でした。

理由は二つあります。一つは国会運営について憲法には具体的な実定法としての規定が多いということです。

もう一つは、国会活動など政治問題について司法権・最高裁が裁判の対象にしない慣行があることです。憲法の規定では禁止されていませんが、「統治行為論」という理屈で最高裁が逃げています。

そのため議長や委員長の権限をめぐって国会が紛糾するたびに、憲法の解釈や運用について与野党で議論が起こります。そのため衆参両院の事務局や法制局は、憲法をしっかりと研究して議長や委員長を補佐します。そして与野党が憲法問題で意見が対立したとき、私たちは憲法学者の意見を聴きます。

ところが、著名な憲法学者は政治的対立に関わることを避ける傾向がありました。戦前の明治憲法時代、昭和10年の「天皇機関事件」で憲法学者の自由な学説が弾圧されたことを機会に、憲法政治の価値観に関わる言論をしなくなったのです。「安保法制国会」で、ほとんどの憲法学者が立憲主義の確立を主張し、安倍自公政権の憲法9条違反行為を指摘しましたが、これは歴史的なことです。

それまで多くの憲法学者は、憲法の文理解釈に専念して非政治化します。そのやり方は、オーストリアの法学者・ケルゼンの『純粋法学』を参考にしたものでした。敗戦で民主主義を原理とする新憲法が施行されます。新憲法をケルゼンの純粋法学で解釈することは、きわめて大事なことでした。

しかし、時代が過ぎ、憲法が想定しなかった事態が起こるのは世の常です。憲法の真の精神を生かすことが、形式的文理解釈論では限界が生じます。国会運営でもしばしば問題が発生し、憲法学者に相談しますと、政争に関わることを避け明確な意見を言ってくれないことがありました。私は「何時まで、天皇機関説コンプレックスを続けますか」と批判して、嫌われました。

多くのわが国の憲法学者は、欧米の価値観で学んでいて、ケルゼン流文理解釈論を活用して、9条護憲論で市民を指導して大きな政治的成果を挙げてきました。

パリ不戦条約から始まり、ポツダム宣言から敗戦、幣原《しではら》構想や進歩派の有識者の協力を得て、占領軍に押しつけられたのではない「憲法9条」を創設したこと。この文理を誠実に実行すること。この運動を発展させることは、日本人の責務です。

第二次大戦後、現在の国際情勢が人類文明崩壊の最大の危機と思います。いまこそ日本国憲法9条が、世界に生かされるべきという事態で、日本国の有権者が9条を含む憲法改正を可能とする投票行動を、国政選挙で何故行うか解明しなくてはならない重大問題です。

二つの理由が考えられます。

第一は、これまでの革新系憲法学者や政治学者による、上から目線の市民への説教的9条護憲運動のあり方を反省する必要があります。

9条の立法過程論や文理解釈も大切ですが、それに拘《こだわ》った説明が日本人の深層心理にある「戦争放棄」の信条を覚醒させないからです。逆に党派的対立の不毛の論争として、健全な9条護憲運動の妨げになっています。その点、「憲法カフェ運動」に類することが大きな効果を出していると思います。

第二は、保守本流側に9条護憲運動の明確な理論がなかったことです。私たちが反省しなければならない問題です。

昭和30年（1955年）に、保守合同で自由民主党が結成されます。この時期、自由党は9条護憲論で、民主党は自主憲法制定という9条改正による再軍備論でした。

その後、自民党内の派閥抗争による政権争奪戦は、両派とも「9条問題」を明確にしない事情がありました。それは、明確にすることで政権への多数派工作が不利になったからです。

そんなことが、保守本流の人たちが個人的に「9条護憲」ながら、明確な護憲理論を意図的に策定しなかった理由と思います。それが、中曽根さんの過激な「再軍備論」にもかかわらず、「ポリティカル・パラドックス」となっていたのです。

安倍自公政権が、本格的に戦前回帰の国家に戻そうという活動を始めた平成26年頃から、憲法9条の解釈改憲の動きが始まります。そして安保法制を強行成立させた後、衆参両院で改憲議席を獲得して、安倍首相は9条改憲の意向を表明しました。

この政治展開は、その背後に、自民党の保守本流勢力が消滅したという事態があることを表すものです。さらに、これまでの革新派の9条護憲運動に新しい工夫が必要となったともいえます。

北朝鮮危機など核戦争への可能性が増大する国際情勢の中で、日本国憲法9条を人類の憲法とすることは、日本人の責務です。その運動推進のため、現時点での私の考えを申し上げておきます。

「憲法9条の霊性」を考えよう

太平洋戦争の最中、鈴木大拙師は『日本的霊性』（岩波文庫）を刊行しています。私の愛読書の一つです。ここで鈴木師は「日本は世界に覇権を求めるべきでない。世界の精神文化に貢献すべき大なる使命を持ち、日本的霊性的自覚の世界的意義を宣揚するほかない」と論じています。

この時期、鈴木師は日本の敗戦を予想していました。鈴木師が、敗戦後の日本と日本人のあり方について、人間の「霊性的自覚の世界的意義を宣揚するしかない」と示唆したことは、「戦争放棄を世界に宣揚せよ」の意味だと、私は理解しています。

敗戦によってつくられた新憲法の第9条は、人間の生命を尊重しようという「霊性」によって創設されたといえます。

私は9条の「戦争放棄」は、日本人の軍人・軍属・民間人が、第二次世界大戦で300万人を超える死者行方不明者を出したことに対する、日本人の霊性によると思っていました。ここ数年、9条護憲の市民運動の中で誤りだと気がつきました。

日本の覇権による戦争で、東南アジアを中心に約3000万人を超えていることを知り愕然としました。第二次世界大戦全体で6000万人と言われています。20世紀になって、世界中で人間の生命が戦争でどれだけ失われたか、私は困難な推定を試みました。不正確ですが、1億人に近いと思います。

日本人は歴史的に見て、世界中でもっとも人間の生命を大切にする「霊性の高い民族」です。この想像を絶する戦争犠牲者の魂が、日本国憲法9条の「霊的法源」ではないかと思うようになりました。


あまり知られていない話ですが、「戦争放棄」の9条を中心に新憲法が帝国議会で審議が行われている最中、戦勝五大国のトップたちは真剣に国家間の戦争を止め、国連軍による世界秩序の維持を考えていたようです。

ロンドンに五大国の参謀総長が集まり、日本国憲法の戦争放棄、軍備をもたない日本の安全保障のためにも、国連憲章の「国連軍」を早急に設置することを、真剣に協議していました。新憲法が公布された昭和21年11月3日頃は、協議が盛り上っていたようです。翌22年3月に、米ソ冷戦の走りといわれる「トルーマン・ドクトリン宣言」が発表されます。国連軍を設置する協議は影響をうけました。

そして日本国憲法が5月3日に施行された直後に、米国・マーシャル国務長官の「マーシャループラン」が発表され、米ソ冷戦という国際政治のリアリズムが、憲法9条を厳しくゆさぶります。それにもかかわらず、日本人は9条を護り続けてきたのです。

日本人の潜在意識にある9条の先行形態

哲学者の柄谷行人さんが、平成28年に『憲法の無意識』（岩波新書）を刊行しました。そこには「憲法9条の先行形態は、徳川体制にある」という、注目すべき見解を発表しています。

柄谷さんとは数年前、国際縄文学協会の「縄文社会の政治」というシンポジウムでご一緒し、以来、私の尊敬する学識者です。日本人の無意識の中に9条の思想が生きていることを証明しようというもので、憲法学者も傾聴すべき見解です。

同時期に私は、徳川家康に「生命の尊さ」を教えた側室・お万について研究していました。お万の法華経信仰が徳川体制の思想に影響を与えたことを証明することが、新しい9条護憲運動になると思っていた時でした。これからの課題です。


法華経といえば、最近、サンスクリット語の原典を、直接に日本語に訳した書物が出版されています。九州大学大学院理学研究科の出身者で植木雅俊という人物です。友人の薦めで植木さんの『思想としての法華経』（岩波書店）を読んで驚きました。

これまで古くから中国語（漢文）から日本語に訳されていたものに、誤解や間違いがあり、真の原始仏教の原点を再発見したものを紹介していました。その原点は、

「生命の尊厳」と「平等」に尽きるとしています。

そして、日本に伝えられた法華経の問題点とは別に、直観的に法華経の真髄を会得した人物が日本文化の底流をつくったとありました。そのような先人として、聖徳太子から始まり、日蓮・道元・西行法師・芭蕉・近松門左衛門等々を挙げています。

法華経の中には、「差異を差異として認め合い、尊重しつつ、普遍的視点に立って共存・融和せよ」との教えがあります。これが「戦争放棄」という9条の理念につながると思います。

聖徳太子といえば、『法華経義疏』というわが国で最初の法華経註釈書を著したことで知られています。それと『十七条憲法』の制定が、大きな功績といわれています。日本会議では、『教育勅語』の復活運動に利用していますが、とんでもないことです。『十七条憲法』の第一条「和をもって貴《とうと》しとなす」について、私は「戦争放棄」の宣言と解釈しています。それは「和」の語源論からいえることです。

「和」の文字は、「禾《か》」と「口」を組み合わせた形です。禾は軍門に立てる標識のことです。口は𠙵(さい)で、神への祈りの祝詞《のりと》を入れる器の形です。𠙵を置いた軍門の前で神に戦争をやめ平和をつくることを、「和」としたのです(白川静著『常用漢字解』より)。

聖徳太子の時代(574〜622年)、日本は漢字が導入される最盛期ですから、同時に語源論も盛んだったといわれています。統一国家への最終段階で、国内で闘争が激しく、さらに東アジアの国際情勢は不安定の極みでした。十七条憲法「戦争放棄」の先行形態といえます。

さらに歴史を遡れば、1万年以上続いた日本の縄文時代には、大規模な殺戮がなかったといわれています。世界史の謎とも奇跡ともいえます。こういった歴史を掘り起していけば、「戦争放棄」に対する日本人の潜在意識を覚醒させることができると思います。

このような新しい9条護憲運動として、来たる4月1日、日蓮聖人の母親が生誕したといわれる鎌ケ谷市の「妙蓮寺」で、「お寺で考えよう　憲法9条市民集会」を開くことになっています。

保守本流からの警鐘③　野党協力問題

自壊した野党協力体制

安倍自公政権による憲法違反の審議なき120秒間の衆院本会議で解散が強行され、平成29年10月22日総選挙が行われました。国民が期待した民進・共産・自由・社民の四野党による政権交代は、空想として消え去り、絶望の淵に投げ出されました。

総選挙の結果は、憲法改正を可能とする衆院での3分の2の議席を、安倍政治勢力は継続させました。そして、小池百合子東京都知事が灯したアラジンの魔法のランプは、希望から失望へと激変。魔法のランプで大火傷した「前原民進党」は、希望の党・立憲民主党・無所属の会そして本家民進党と四分裂します。

安倍首相による「違憲解散」は、単に「森友・加計隠し」だけではありません。11月5日のトランプ米大統領が来日する時期に、安倍晋三という政治家が日本国の内閣総理大臣であることを絶対条件とすることでした。日本の議会民主主義を崩壊させても、野党に絶対に政権交代をさせてはならないという「日米の暗黙の合意」があったのです。

「魔法のランプを見抜けなかった前原氏」の幼児性といい、「突然のバーチャル性ポリティカル・スター枝野氏」の変化性といい、すべて「安倍自公政権継続」のドラマに結果として一役を果したのです。それが日本の政治の現実です。

権力闘争のリアリズムは、政治の裏に潜む悪霊がシナリオをつくります。今回の反革命も裏で何があったか、今後のために十分な検証が必要です。

本来、協力すべき反安倍側が冷静さを失って、仲間を誹謗し足を引っ張りあうだけではなく、頭を叩き割ろうとした結果、何が起ったか。比例区の得票率33％で、70％を超える自公両党の議席です。

著名な政治評論家がテレビで「小選挙区のせいだ」と吐き捨てていましたが、何にもわかっていないと絶望しました。野党がこのレベルでは、どんな選挙制度でも同じことです。政治は制度ではなく人間に責任があります。

自己の主張に陶酔し、味方になりうる集団を叩いて、本来倒すべき大きな敵をさらに巨大化させる。その結果、国家の危機を増大させ、国民の生活を悪化させる非弁証性政治を断ち切るのは、いつになるでしょうか。

年が明け、通常国会が始まり「4野党」は「6野党」となりました。6野党協力の目処はついていません。旧民進勢力が、どのような政治構想で臨むか明確でないからです。「4野党協力」で政権交代ができるものと、事態を甘く見ていたことを、私自身が反省し、6野党協力体制をどう成功させるか、考えてみたいと思います。

「4野党協力の崩壊」の原因

平成28年12月、私は『野党協力の深層』(詩想社新書)を刊行しました。

前年の秋、安保法制国会での安倍政権の狂暴化に対して、共産党から「安保法制の廃止」を条件に、国政選挙での協力体制をつくろうという歴史的提案がありました。自由党と社民党は即座に賛同しましたが、民進党は党内説得に時間がかかり、翌28年の春にようやく賛同します。理由は、党内や支援者の「共産党と小沢一郎アレルギー」でした。

各地で市民連合の会が結成され、参加して市民の話を聞いていくうちに、「両者へのアレルギー対策」が必要と思うようになりました。解散の情報が流される中、小沢さんと相談して刊行することになったのです。

サブタイトルは「共産党の大転換、自由党の再起動」とし、帯の文句は「これまで明らかにされなかった共産党の国会秘話とともに、共産党大転換の過程を追い、野党協力、政権交代への道を探る」としました。

この新書は、それなりに話題となり「4野党協力」の環境整備に役立ったと、私は自己満足していましたが、「4野党協力の崩壊」の本質的原因は別にありました。それに気づかなかったことを反省しているところです。

小沢さんからの相談「前原に大人の常識を教えたい」

憲法違反の解散と総選挙が終った直後の平成29年11月12日、千葉2区市民連合会から集会に出るよう要請があり顔を出しました。テーマが『総選挙の結果とこれからの日本――平野貞夫にみんなで質問の会』となっており、驚きました。

変梃な集会だと感じ、世話人に「私を詰問する集会か」と問うと、

「平野さんは〝四野党協力が成功して政権交代ができる〟と各地で言っていたので、裏切られたという感じの人がいるんです。小沢さんや平野さんが、小池・前原に関わっていたとのネット報道があって誤解もあるようですよ」

とのこと。誤解には心当たりがあり、説明しておく良い機会と思いました。

実は8月27日、柏市の名戸ヶ谷病院の山崎誠理事長の肝入りで、「日本の議会政治の問題点と改善策」というテーマの講演会を開いてくれました。民進党の代表選挙が

始まったばかりでした。

前原さんが代表になる前提の質問に私は、「政権交代を成功させるため、前原さんは民進党を弁証法的に自己否定する決断がいる」（民進党を中心に自由・社民と一つの政党をつくれ、との意味）と発言しました。これは「得るは捨つるにあり」との格言で、自由党が民主党に合流して政権交代を成功させたことの再現のことです。この講演会はネットで報道されましたので、前原さんも支持者からこの話を聞いていたと思います。

翌8月28日、小沢事務所で韓国の政治学者らとの懇談会が終った後、久しぶりで小沢さんと民進党の代表選を中心に、野党協力の見直しについて情勢分析をしました。その時、小沢さんが悩んでいることがありました。

小沢　昨年あたりから前原君と時々会っている。これまでの僕への対応について反省の話もあり、政治全般の相談もするようになった。政策も社会保障や国民生活など意欲的な勉強をしていて、変わってきた。

ただひとつ、政治家としての大人の常識が足りないんだ。これをどう身につけるかだ。

平野　明治以来、国を引っぱってきた大物政治家には、みんな〝大人の常識〟を持っていた。私の見方ですが、政治家に大人の知恵を教えるのは〝女性〟ですよ。女性で苦労することが政治家にとって大事です。

小沢　僕のことを言っているのか……。

平野　いやいや、私が指導を受け、仕えた、故人となった政治家のことですよ。吉田元首相はじめ、園田直さんなんか国会対策より女性対策が大変でした。大事なとこが使えない前尾元議長だって、女性との精神的苦労があったんですよ。

小沢　なるほど、それじゃ前原君を茶屋にでも連れていくか。

平野　それもよいが、有権者の半分以上が女性です。女性の集団無意識を知らないと政治はできない時代です。そのために女性での苦労を知っていなきゃ……。

こんな話を交わしました。

前原民進党代表が出現して、真っ先に出てきたのが「山尾志桜里幹事長問題」でした。そして、1カ月も経ないうちに、「小池都知事・希望の党問題」が起こりました。二つとも女性を相手とする政治的トラブルです。

「女性での苦労」を学ぶ前に、メガトンクラスの女性爆弾に襲われたのです。運が悪るかったでは済まされません。

「小池・希望の党問題」では、小沢さんを排除した小池知事に気づかれないように、小沢さんに相談して知恵を借ります。成功しても、決裂しても、いまの悲喜劇はなかったでしょう。

これが政治における「大人の常識」です。旧民進党の政治家にも考えてもらいたいことです。

偏差値競争的「小児性生活習慣病」からの卒業を

国会内の会派として四分裂した民進党は、政党としては三分裂になりました。従って、これからの野党協力は、立憲民主党・希望の党・民進党と共産党・自由党・社民党の併せて6党による協議となります。問題は民進党関連の3党がどうまとまるかにあります。

北朝鮮危機など戦時体制づくりに懸命となり、貧富の格差を意図的につくり、国民生活を崩壊させ、民主政治の根幹である「公文書の改ざん」の責任から逃げようとする安部自公政権をいつまで放置しておくのですか。

最優先すべきことは、安部政権に代わり国民から信頼される政治結集、すなわち政党の結成や野党による選挙協力体制です。この野党協力は、『議会民主政治の確立による、生命と暮らしを護る』、これを基本理念とすれば十分です。

政治や政策は、分析的議論をすれば、多数の意見が生じます。差異を差異として認め合い、何を優先すべきかという普遍的視点に立って、共存・融合させていくことで、大きな力となる生き物です。

激動する内外の情況のなかで旧民主党にあった頭デッカチで自己満足の偏差値競争、私の目には小児性生活習慣病情況と見えますが、これから卒業して、野党協力の核になることを国民は待ち望んでいます。

「野党協力」を成功させるために

過去5回の衆院総選挙の投票構造を、比例票レベルを分析しますと、平成21年の民主党への政権交代を可能にしたのは、投票率を約70％に押し上げた約2000万人の票です。この票を投じた人びとが、民主党政権に失望して、その後の総選挙から投票所に足を運んでいません。

自公政権に投票することも拒否し続けています。野党協力で政権交代を実現するためには、この投票所に行かない有権者を6野党側に戻すことです。そのためには、民主党政権を構成していた立憲民主党、希望の党、民進党、自由党、社民党が、政治の本流を自覚した融合共存体となることです。

それだけでは十分ではありません。野党協力へ大転換した共産党に、さらなる課題が望まれています。共産党は、市民が感動する二つの問題に挑戦すべきです。

それは、第一に、自衛隊違憲論の発展です。憲法13条の「国民の生命や自由を国政の上で最大限尊重しなければならない」の主旨を読みこみ、専守防衛のための必要最小限度の実力行使を認めることです。国連の安全保障体制が整備されるまでの措置です。

第二に、党名と綱領を、21世紀の激動に対処するために、発展させることです。

平成27年9月に「安保・戦争法制」を廃止するため「4野党協力」の協議が進む中で、共産党に対し他党や国民の中からこの話が出て、私も何度か意見を求められました。私は「その必要はない。特に〝党名と綱領〟は、党にとって基本的人権のようなもので、他人が内部干渉すべきではない」と言ってきました。

その後の急激な国内外の変化を見て、私はこの見解を変更しました。「北朝鮮危機」をはじめ、核戦争に向かう人類の危機に、共産党の創始者マルクスとエンゲルスが生きていたなら、何と思うのか。これを考えたからです。

「ロシア革命100年・不破哲三インタビュー」を読んで

ロシア革命100年にちなんで、昨年（2017年）11月17日に朝日新聞に掲載された、日本共産党前議長の不破哲三さんのインタビュー記事を読みました。その論旨を私の判断と責任で要約すると、次のようになります。

① ロシア革命直後、レーニンが指導した短期間を「ソ連が世界史的役割を果していた」と評価し、「スターリンがそれをどんでん返しをした」と批判しています。

②　スターリンの指揮でソ連が日本共産党に内部干渉して、党を一時分裂させた歴史の苦しみから、「自主独立路線」が出てきた歴史を語っています。

③　マルクスの理論が長く誤解されていたと論じ、マルクスが考えていた資本主義について、「資本主義にとって代わる社会像に向けての変革の運動とその成功の条件は、資本主義自体の中から生み出される」と論じています。

④　共産党の「綱領」や「党名」の変更問題について、マルクスに対する誤解や「綱領と党名」に対する誤解を解く努力をせずに、変更を論ずべきでないとのことです。

現代資本主義を、どう歴史認識するかが、最大の論点になりますが、マネーゲームからミリタミーゲームに代わって「新軍事資本主義」が成立しました。これは核戦争により、人類文明を崩壊させるものです。資本主義の中から生み出されたもので、マルクスが期待しなかった社会像といえます。

マルクスやレーニンが生きていたならば、この人類破滅の社会像を阻止し、人類の真の自由と平等をつくる社会像を創造するのが、21世紀の革命運動だと主張するでしょう。成功をさせなければなりません。

「人類の危機」という歴史観を持てば、その推進を代表するものは、トランプ米大統領と金正恩北朝鮮労働党委員長と、戦争を煽る安倍日本国首相といえます。それを止めるためにも、森友公文書改ざん問題で安倍内閣を総辞職させるべきです。

米国と北朝鮮の国家体制は直ちに変えようはありませんが、日本国を常識的な議会民主政治国に変えることは可能です。日本国民の多くも、信頼できる「野党協力」による政権樹立を期待しています。

共産党は過去の歴史の苦しみの中から、健全な議会民主政党に成長しています。33年間衆院事務局に勤務し、12年間参院議員を経験した後、14年間政治分析をしながら市民運動をやってきましたが、日本の政党の中で倫理性、論理性、健全性でもっとも優れているのが、共産党であると思います。

ところが、弾圧され異端化され誹謗された苦しい歴史の中で、共産党に対して不幸にも日本人にマイナス・イメージが残っていることも事実です。これまで共産党が創造してきた政治的成果をさらに発展させるためには、綱領や党名が問題で、新しい展開をすれば、それは新しい歴史をつくることになります。

最近、私は不破哲三さんの『『資本論』探究』（上・下、新日本出版社）を学ばせてもらいました。マルクスの苦悩を不破さんが共有した研究と思います。現代の資本主義の「社会の表面」から浮き上がっている世界の姿は、人類の危機です。それを解決する歴史的役割を持っているのが、日本共産党だというのが読後感です。

共産党の決断が、安倍自公政権を倒し、北朝鮮危機を回避させ、核戦争をなくして「人類の危機」を救う鍵となると確信します。これが、坂本龍馬の「四観三元論」を活用した提言です。共産党の決断が、戦争をなくする「律」になるのです。

マルクスもレーニンも、ヘーゲルもカントも、泉下で喜ぶと思います。

結語　21世紀の基本問題を考える

◥「東アジア非戦構想」に向けて◢

21世紀となり20年近い時間が流れました。その間、人類社会は想定しない変化を経験しています。戦争の形態が変わり、国家が戦争の主体でなくなりつつあります。資本主義の形態が変わり、実体経済がマネーゲームに変ったと思ったとたん、「ミリタリーゲーム」で経済成長を狙う「新軍事資本主義」となりました。

何より驚くのは、先進国における「デモクラシー」の形骸化です。英国の国民投票によるEU離脱問題。米国の大統領選挙でトランプ氏の当選など、「ポピュリズム」という言葉で批判されています。

しかし、デモクラシーは本来ポピュリズムとは無関係ではなく、問題はポピュリズムの質にあります。

昨今、欧米で危惧されているポピュリズムは、欧米文明の歴史的因縁から発生しています。「移民・難民問題」や「多民族・多宗教問題」に、国家社会がどう対応するかの問題です。

その点、日本の場合には事情が違います。デモクラシーの形骸化は、欧米のようにデモクラシーの成熟化の欠陥から出たものではありません。健全なデモクラシーが定着していないこと、政治家と国民の非近代的な意識の問題です。

欧米のデモクラシーの形骸化の改善は、新らしいデモクラシーの創造を必要としますので時間がかかります。日本の場合、健全なデモクラシーを早急に定着させないと、戦前のファシズム国家に逆戻りする危険があります。

現代の人類の危機は、中東や北朝鮮問題などにみる「核戦争」の可能性です。戦争でなくとも、ミリタリーゲームとしての核ミサイル実験も同じです。電磁波パルスなどを発生させる実験や戦争となると、人類文明は崩壊します。人類は「戦争放棄」を未来の子孫のため、身命をもって実現しなければならない時代です。

北朝鮮危機を考えるに、人類の圧倒的多数が戦争にならないことを願っています。世界の指導者の中でも、圧倒的多数が和平を主張しています。北朝鮮のドン・金正恩と米国のトランプ大統領が、戦争を前提に口ゲンカを続けていました。世界の政治指導者で唯一、トランプ米大統領を煽っているのが日本国の安倍首相でした。

仮に、日本でデモクラシーが健全に機能していたとすれば、安倍自公政権の可能性はありえなかったと思います。野党政権であれば、トランプ米大統領に自重を求め、北朝鮮危機の情況は相当に変ったでしょう。

「平昌冬季オリンピック」が終わり、北朝鮮機器への対応に激変が起こっています。5月には米朝首脳会談が開かれる見通しとなりましたが、危機を回避できる保障はありません。日本の対応が東北アジアの平和を確立する鍵となります。

西欧先進国が移民難民問題という「歴史的怨念」の逆襲を受けて、政治が苦悩を続けている中で、日本が人類の幸せを創る先頭に立つべき時代が21世紀です。

議会政治をひと言でいえば「頭を割る代わりに頭を数える」という知恵でつくられたものです。この知恵で、人類は国家の中の「戦争放棄」を実現させたのです。

次の課題は、地球全体の「戦争放棄」を実現させるという、きわめて困難な問題です。日本国憲法9条は、世界に先駆けて困難な課題に挑戦しているのです。風前の灯となった憲法9条を、いかに再生させるか。これが日本人の責務です。

そのために、日本人は憲法9条の理念を護りきるという覚悟を持たなければなりません。この理想を実現するため、「東アジア非戦構想」を国連に提起して、関係国との協議に入れば、戦争は回避され、安全保障を確保できると思います。

まずは、わが国に健全な議会民主政治を定着させることが、〝世界の平和〟の基になるものと、私は確信しています。

【附論】

日本人が議会民主政治に馴染めない原因は『教育勅語』にあり

本稿は、平成29年年度の愛知県私教連の夏期組合学校で講演した内容――のちに「『日本の議会政治』にはどんな問題があるか」（平成29年、土佐南学会発行）という小冊子にまとめた――の中から、「教育勅語」に関する部分だけを抜粋し再構成したものです。

「教育勅語」が日本人からどれほど自立心と責任感を奪ってきたか――そして今また、奪おうとしているか――を、思想的・理論的に、かつ「教育勅語」を幼い頃に叩き込まれた者の視点から体験的に語りました。

敗戦から70年以上も経った今日、なおも「教育勅語」（の危険性）について語らねばならないことは遺憾ですが、それでも「教育勅語」を持ち出し持ち上げる者が増えてきている昨今の状況に鑑《かんが》みて、やはり語っておかねばならないとの思いから、屋上屋を重ねるの謗《そし》りを甘んじて受け止めつつ、ここに改めて記します。

◢憲政記念館で提起した「文化革命」の必要性◣

日本は、東洋で初めて近代議会制度を導入して127年の歴史を重ねました。第二次世界大戦の敗戦により、世界に誇る議会制度に生まれ変わったわが国の議会政治について、さまざまな見方があります。新憲法下で、内閣総理大臣に就任した全ての政治家は、「日本人は、先進諸国と自由や人権などについて価値観を共有している」という認識を公言して、活動しています。また、国際的にもわが国の「議会政治」は、議会先進国の中に位置づけられています。

しかし私は、このことに違和感を持ち続けてきました。私の「違和感」とは、別のところで詳しく論じましたので繰り返しませんが、簡潔に言えば「日本人は議会民主政治を間違って理解している代表例なのではないか」というものです。

この「違和感」への私なりの対応が、昭和41年の園田衆議院副議長時代の「議会制度調査会」の発足、および昭和48年の前尾衆議院議長時代の「議会制度調査会」の活用でした。それが、政治改革の実践として動き出したのが、平成元年の小沢自民党幹時長時代からです。昭和50年後半から始まった日本のバブル経済は、政権交代を拒否した議会政治を、腐敗の底に落としました。リクルート事件を代表に国内の隅々まで守銭奴による金権国家をつくりました。国民が政治不信を深める中で、米・ソ冷戦が終結します。新しい国際情勢に対応するため、野党にも議会政治に責任を持たせ、国民の意思による政権交代を容易にする「政治改革」を、小沢さんは構想します。

30年という歳月が流れる中で、国民の熱烈な要求により、永久政権といわれた自民党政権に代わる細川非自民政権が平成5年に成立します。衆院に「小選挙区比例代表制」を導入したり、官僚支配政治を改革するため、「国会審議の活性化及び政治主導の政策決定システムの確立に関する法律」などを制定してきました。

さまざまな混乱と妨害の中で、平成21年に民主党が総選挙で圧勝し、日本の歴史上初めての民衆の力による政権交代を実現しました。しかし、民主党の自滅という事情で、3年4カ月して安倍自公政権に交代します。その後の安倍政権は、憲法9条の解釈改憲という暴挙までし、安保法制を国会に提出し強行成立させました。平成27年8月に憲政記念館の講堂で、小沢さんと私が、自分たちが進めてきた政治改革を省みて、日本の議会民主政治がどうしてこうも歪められるのか。その根本原因は何か、などについて議論をしました。

ここでの議論が、日本人が議会民主政治に馴染めない原因を考える参考になると思いますので、要約して紹介いたします。

平野　「今年（平成27年）の4月28日の「日米ガイドライン」に対する『小沢談話』に注目すべき日本人論がありますね。

小沢　戦前、軍部の独走を仕方がないと従属していった日本人の習慣。戦後は「アメリカがそう言うのだから仕方がない」と言って、対等であるべきなのに従属していく習性のことでしょう

平野　そうです。この日本人の「仕方がない」という習性を改革しなくては、日本はどうにもならんでしょう。

小沢　戦前は軍官僚と行政官僚らが天皇制を利用してやっていたわけ。敗戦で軍官僚はいなくなったが、行政官僚は肥大化して生き残った。そして天皇の代わりにアメリカを大明神に奉ったわけです。

平野　私たちの政治改革は成功と失敗を繰り返している。そんな中、若い政治学者や草の根市民の中には日本人の考え方を見直そうという動きが出てきた。ここのところを多くの国民が理解するようになれば、これからの政治改革に明るい見通しができる。

小沢　何度も言ってきたが、メディアが駄目だ。メディアがやっぱりアンシャン・レジームの既得権の一員だから、どうしようもない。

平野　最近の自民党は、新自由主義の競争万能の政策を展開し、国民全体を考えなくなった。地方選挙や国政選挙を正確に分析すると、得票数は増えていない。自

平成10年1月、自由党を結成し、7月の参院選に臨む。5月の連休明け、『自由党の挑戦』の出版記念会にて、挨拶に立つ小沢さん。

民党は最後の段階にきたと思うが。

小沢 自民党は普通ならもう終わりだけどやっぱりことなかれ主義と「仕方ない」の「仕方ないシンドローム」が健在だからしぶとい。

平野 そうすると、これから野党が小異を超えて、協力して自民党に対抗していく。そのやり方として、日本人の「仕方ない、従属シンドローム」の習性を改革して、同時に「国民生活が第一」の政治を実現することが課題になるわけですね。

小沢 自民党が変わっちゃったから、元の自民党の基本理念の部分を取り入れて、公平な分配で、みんなで豊かになるわけですよ。

平野 これからの小沢改革は、政治や経済などの改革も大事ですが、日本は「強いものに従属・仕方ないシンドローム」を改めるという文化革命が必要になりますね。

小沢 そうです。自立心と責任感による共生社会の実現という文化大革命です。

◤日本人の「自立心」を喪失させた「教育勅語」の正体◢

日本には、『自立心』と『責任感』を育成する「文化革命が必要である」ということが、憲政記念館での小沢さんと私の結論でした。これが、日本に議会民主政治が定着しない原因であることは、容易に理解できます。問題は、日本人に「自立心」や「責任感」が欠如している原因は何か。これがわからないことには、文化革命は成功しません。

きわめて大事なことで難しい問題です。いろいろな分野で「日本人論」が研究されていますが、議会政治学の立場からのものはほとんどありません。民俗学や歴史学から「水田耕作村落共同体論」や「徳川封建論」などで、自立心のない原因が論じられています。逆に、明治以前の歴史の中で、日本人に「自立心」が旺盛であった時代もあります。また、西欧の歴史をみても西洋人が一貫して「自立心」を持っていたわけではなく、近代社会となる中で育成されたものと想います。その意味で、日本でも明治の近代化で「自立心がどうなったのか、これを検証する必要があると考えていました。丁度、その時期、突然、飛び込んできたTVニュースが、〝森友学園〟の幼稚園児が「教育勅語」を集団で暗唱している映像でした。ショックを受けた私は、戦時の国民学校三年生の時、苦い出来事を思い出したのです。直感的に「教育勅語」が、日本人の自立心育成を妨げたと思い、集中的に「教育勅語」を検証してみました。少し長くなりますが、この機会に要約して申し上げたいと想います。

◣国民学校三年生で感じた「教育勅語」への不信◣

教育勅語は明治23年10月30日、天皇制国家の基本制度である明治憲法の施行や帝国議会の発足に伴い、国民の精神的支柱としてつくられたものです。勅語の名称に「教育」とあることから、「学校教育の基本理念」と一般には理解されていますが、目的は全国民の道徳律の強要です。天皇を神格化し忠君愛国の国民を育成することでした。

内容には儒教や仏教、キリスト教等の「徳目」まで引用して、人類の普遍的教えを装っていますが、

真の狙いは「戦争など、一旦緩急ある場合は個人の思想や自由、そして、生命を犠牲にして天皇のために尽す」ことを、現人神・天皇の名で宣言したものです。

教育勅語が発布されると、文部省は、全国の学校に謄本を配布し、天皇・皇后のご真影と共に、「奉安殿」という略式神殿に納め、拝礼を命じました。太平洋戦争開戦に至る日本の悲劇の歴史は、この教育勅語による国運の発揮によるものです。私が国民学校（現在の小学校）三年生という時期は、昭和19年（１９４４年）で、戦況が悪化し反転のため教育勅語の精神が狂気のように巷に溢れていたときでした。

6月の梅雨時、米軍のボーイング29が初めて日本に来て、北九州を爆撃したニュースを知った頃でした。三年生で「修身」という科目が始まるわけですが、まず、「教育勅語」から教えられます。当日、暗唱が終わって、受持の教師が「勉強は誰のためにするのですか」と全員に問いかけました。私が最初に手を挙げて「自分のためで

す」と大声で答えると、教師は「間違いです。教育勅語がわかっていません」と、叱られました。次に手を挙げた生徒が「ハイ・天皇陛下のために勉強をします」と、答えたところ、教師は「そのとおりです。よく答えました」と褒めた上で、「平野君、わかりましたか」というので、どう考えても教育勅語には、そんな意味はないと思い、「わかりません」と答えると、教師はカンカンとなり、「校医のお父さんが、今日は種痘の接種で学校に来ていますので、お父さんに教えてもらってきなさい」と。

父親が四年生に天然痘の接種をしている教室に行き、「修身の時間で先生に叱られている」と話して「勉強は天皇陛下のためか、自分のためか」を聞くと、笑うばかりで答えてくれない。仕方なく、教室に帰ると教師は「平野君、わかったでしょう」と念を押すので、「わかりません」というと、怒った教師は「わかるまで廊下に立っていなさい」と叫び、長時間廊下に立たされることになりました。翌年敗戦、昭和23年には教育制度の改革で小学校と名が変わり、教育理念も民主教育となる中で、学校の先生を信用できなくなりました。六年生になると学校中で手をつけられない生徒となり、卒業式の日に学校長が校医の父親に「平野家もとうとう屑が出た」、屑とは不良の方言ですが。帰宅した父親から涙ながらに説教されました。

◥昭和天皇を「現人神」にした「教育勅語」◣

個人の話が長くなって恐縮ですが、教育勅語の影響が私に心理的にきわめて深刻な問題だったことをもう一つ申し上げます。戦時中の修身の時間に「勉強は天皇のためではなく、自分のためだ」と、言い張った私ですが、実は「昭和天皇」には、特別な感情を持ち続けていました。敗戦の翌年1月元旦、天皇は「新日本建設に関する詔書」を発しました。これは、天皇自ら神格化を否定した〝人間宣言〟で、現人神は存在しなくなったはずです。

小学校卒業の時に「一族の屑」と言われた私は、運命の悪戯により衆院事務局に勤めることになりました。無理やりに要職に就けられることになり、副議長秘書とか、議長秘書の業務を担当しました。その中に皇室関係の行事が多くあります。不思議なことですが、昭和天皇の近く30メートルぐらいの距離になると、私の背骨が頭から腰にかけて冷たい気体が流れ落ちる感じがするんです。これは、私独自の生理現象ですが、山深い神社を参拝した時に感じるヒンヤリとした緊張した神々しいとでもいえる気持ちです。今上陛下や皇太子には、私にはこの感覚はなく、普通の人として特別に緊張することはありません。

同世代以上で、類似の仕事をした知人たちに、この話をしますと、共感してくれます。この原因を考えますと、「教育勅語」の影響ではないのかと思います。恐らくこの感覚は、義務教育を戦時中までに受けた世代の日本人には潜在意識として残っているのではないかと私は推定します。この感覚が神国日本の国運のためというで、天皇制を悪用した軍部や行政官僚等の権力によってつくられたものならば、教育勅語は国民をマインドコントロールするものとして機能していたと思います。

このマインドコントロールは、日本人の集団無意識の中に「教育勅語の呪縛」として、世代を超えて「自立心」と「責任感」の育成を、現在でも妨げているのです。日本で議会民主政治が定着しない根本原因だと思います。そこで、「教育勅語」がどのような歴史的背景でつくられ、どのような役割を果たし、敗戦・新憲法体制の中で、日本国民にどんな影響を残しているか、問題提起として検証してみたいと思います。

「教育勅語」がつくられた歴史的背景

これは、幕府が締結した不平等条約の改善を求める日本新政府に対して、列国は近代国家として議会制度を導入した憲法を制定することを条件としました。公布された明治憲法は、王政復古派と文明開化派の妥協でつくられたものです。王政復古派は天皇絶対主義の国家体制を要求し、文明開化派は列国並みの「立憲君主体制」を実現しようとしました。

長州藩閥官僚を中心とする王権復古派は、明治維新後に急速に進む文明開化の啓蒙教育により、天皇を中心とする忠孝の道徳主義が減衰し、国家の危機となるとの危惧をかねてから深めていて、その対応策を検討していました。公布された明治憲法は、第3条に「天皇は神聖にして侵すべからず」、とプロイセン憲法を参考にした規定がありました。明治憲法は「天皇の神格化」ではなく、むしろ、「立憲君主制」という列国並みの柔軟な統治原理を基本としていたため、王権復古派はきわめて不満を募らせていました。

明治憲法の公布は、黒田清隆内閣時代の、明治22年（1889年）2月11日に行われ、その直後、第一次山県有門内閣に交代します。これは、薩摩藩閥政治から、長州藩閥政治への移行といえましょう。山県内閣の最大の役割は、公布された明治憲法を施行するため、帝国議会の発足や地方制度の整備でした。実は、明治憲法は、その施行日について、憲法に直接具体的に規定されていませんでした。『憲法発布勅語』の中に、施行についての文書があります。そこには「帝国議会ハ明治二十三年ヲ以テ之召集シ議会開会ノ時ヲ以テ此ノ憲法ヲシテ有効ナラシムノ期トスヘシ」と記載されています。

この勅語が、憲法の施行日を特定せず「帝国議会の時」としていることは、法制論としてはきわめて異例なことです。帝国議会の召集を明治23年中として時期を切ってはいます。しかし、特別の事情があれば、勅語で帝国議会の召集時期を変更することが不可能ではありません。

何故、このような異例なことをしたのかを推測しますと、明治憲法体制づくりに当って、王政復古派と文明開化派の厳しい闘争が背後にあったからです。明治維新以降の人民の開化によって、政治面では自由民権運動の全国的な昂揚が、わが国の伝統的な価値観を動揺させていることを、藩閥官僚たちは危惧していました。明治憲法制定の準備が整った明治21年には、地方長官（官選知事）の有志が、徳育確立運動を行うようになります。政府内部では、政治と道徳などを明確に分離すべきとの意見と、儒教的教学を基調とした政治形態を創ろうというが対立します。

明治22年11月に公布された明治憲法は、天皇主権の大原則を掲げたものの、行使に当って「憲法ノ条規ニ依リ之ヲ行フ」という、「天皇親政」と「立憲君主」が並存するものでした。これは、天皇の大権を「議会」が協賛することであります。「議会制」とは、民権運動によって展開される人民の政治化と党派間の対立が生じるもので、天皇を頂点とする国家原理の中に民心を収斂することでもあります。そのため、「国民教化の体制」が必要とのことで、政府部内の対立は妥協していきました。

そのために、明治憲法の施行を帝国議会開会の時とし、帝国会議会の構成、特に民意が直接に反響する衆院議員選挙の情況を待つ必要があったのではないでしょうか。明治憲法公布の翌日、長州藩閥官僚で「軍人勅諭」作定の中心人物であり、王政復古派の代表的人物で知られる山県有朋が、内閣総理大臣に就任したのは特別の意味がありました。

明治23年2月、地方官会議は榎本文部大臣に対し、「徳育の基本確立」を要請します。山県首相は「教育の問題点は軍備とともに、わが国の主権線ならびに利益線を防護するために必要不可欠なものであり、愛国の観念を養成するには教育の力に負うところ大きい」という認識でした。かくして、山県内閣にとって教育勅語の制定は必要の課題となります。同年5月には、山県首相は内閣を改造し、幕臣の海軍出身の榎本武揚文部大臣を更迭して、腹心中の腹心・芳川顕正《よしかわあきまさ》を起用します。

民権各党派は、来たるべき衆院総選挙勝利のため、大同団結をめざして活動を展開する中、山県内閣は文部省を中心に「教育勅語」策定に全力を挙げることになります。儒教主義の元田永孚《もとだながざね》と国家主義者で立憲主義を理解する井上毅《こわし》の対立となり、時間を要することになります。井上の狡知により成案ができたのが、9月になります。その間、7月1日に衆院議員選挙が行われ、6月~9月に貴族院の構成が行われました。山県首相にとっては、貴族院の構成は、藩閥官僚で調整できますが、問題は衆院議員選挙でした。

山県首相は、憲法発布前から活発となっていた民進派の大同団結をもっとも気にしていました。その主唱者・自由党の後藤象二郎を説得して、山県内閣の逓信大臣に就任させるなど、切り崩しを徹底して行いました。その結果「大同団結」は、四分五裂となりましたが、7月1日の衆院議員選挙の結果は、民権派(171)、藩閥官僚(79)、その他(50)で、民権派が過半数を獲得しました。この結果に衝撃を受けた山県首相は、「教育勅語」にさらなる拘りを見せます。

問題は、「教育勅語」の発布すなはち国民に周知させる方法でした。さまざまな意見の対立の中で、井上毅の考え方が採用されます。

それは、政府が「教育勅語」の発布に介在することは、政治的意図を憶測されることになるとして、天皇から直接国民に下付する方法を井上は考えたわけです。時の内閣の〝政事〟と大きな関わりのもとに策定された「教育勅語」の正体を隠すための工作です。〝天皇の親衷〟により発信されたことにすることで、勅語の絶対性・超越性を発生させようとしたのです。

同年9月には貴族院の構成を終え、直ちに帝国議会を召集・開会して、明治憲法を施行する責任が山県内閣はありました。「教育勅語」という国家法制度と異質なものをつくることによって、これ以上、帝国議会の開会、すなはち明治憲法の施行を遅らせることは、重大問題になるとして、10月10日に第1回帝国議会の召集日を11月29

日とする詔書を公布。そしてようやくまとまった「教育勅語」を、10月30日に天皇が、山県首相と芳川文部大臣を宮中に召して「教育勅語」を下賜される方法で発布したのです。そして、ようやく11月29日に帝国議会が開会され、明治憲法が施行されました。

日本の近代を破滅させた「教育勅語」の正体

「教育勅語」の正体について、日本近代史の研究家・大久保利謙氏は、見事に論断しています。要点は、「〝忠〟と〝孝〟とが『国体ノ精華』であり、『教育ノ淵源』をなすものであり、これを国民道徳の基軸に置き、国民の守るべき徳目を列挙し、さらに『一旦緩急アレハ義勇公ニ奉シ』て『天壌無窮ノ皇運ヲ扶翼スヘシ』と国家に対する国民の全面的な献身を説くのである。ここに国民道徳が天皇の親諭として絶対化され、日常的な徳目を国家的な次元にまで昇華させることによって超越的な道徳規範として、すべての国民の『遵守スヘキ』道としたのである」（山川出版社・政治史Ⅲ）。

かくして、人為的に「現人神」がつくられたといえます。この「教育勅語」に対して、当然、反対の人たちがいました。代表的なものを申しますと、発布後の70日目、明治憲法24年1月9日、内村鑑三は、第一高等学校の始業式で教育勅語への拝礼に抵抗し、不敬罪で講師の職を追われました。「独立自尊」で知られる福沢諭吉先生は、教育勅語に反対し、慶応義塾で拝礼をさせなかったとか。「修身要領」をつくり、独立自尊を訴えたという話が残っています。

戦前の日本での教育勅語の影響

教育勅語が発布された当初、有識者や開明官僚の中には、批判的な人が多数いましたが、明治27年（1894年）には日清戦争が、同37年（1904年）には日露戦争が始まり、二つの戦争の勝利が教育勅語の功績という世論が広がりました。

時代が「大正デモクラシー」となると、国際的影響もあって、天皇機関説・民主主義の運動が日本でも活発になります。大正14年（1925年）には、制限された普通選挙法が成立します。3年前に天皇制廃止と私有財産制の廃止を主張する共産党が非合法に結成されていました。その対策のため、天皇官僚側と政党側が取引して「治安維持法」を成立させました。治安維持法は、教育勅語の理念を実現するためにつくられたものです。

昭和時代となって、軍部と官僚が次々と戦時体制をつくっていく中で、この治安維持法の改悪が続き、共産主義者や社会主義者だけでなく、満州事変など戦争体制に反対する自由主義者を弾圧していきます。治安維持法という「共謀罪法」を活用して行われた悲劇でした。昭和10年の「天皇機関説事件」では、明治憲法を立憲君主論の立場から解釈した通説でしたが、天皇絶対主義を盲信する軍部からの圧力で、美濃部吉博士は不敬罪で訴えられ貴族院議員を辞職しています。この事件も「教育勅語」の理念の実践でした。

この時期、「教育勅語」が国民にどのような影響を与えていたのか、重要な資料があります。「天皇機関説事件」の1年前、昭和9年に発行された『教育勅語のお話』(発行・帝国公民協会)に「一旦緩急アレハ義勇公ニ奉シ以テ天壌無窮ノ天運ヲ扶翼スヘシ」の解説を、「もし戦争が起こるとか、その他、国に大事件のおこった時には命を投げ捨てて、天皇陛下の御ためにつくし、そして天や地がいつまでも変わらぬように…まごころから御奉公申し上げなければなりません」(43頁)とあります。

かくして、中国への宣戦布告なき戦争から昭和16年12月8日の太平洋戦争開戦となります。この年には条文の数が7条で発足した「治安維持法」は、67条に膨れ上がっていました。このことは、「教育勅語」が「明治憲法」の統治原理を超えて、軍部官僚が天皇の名で治安維持法を活用して忠君愛国を強要し、第二次世界大戦となります。その結果、日本人の軍人・軍属の戦死行方不明者は、230万人にのぼりました。

◥敗戦直後、教育勅語はどうなったのか◣

昭和20年（1945年）8月15日の敗戦は、教育勅語や治安維持法等の存在を許すものでありませんでした。

GHQ（占領軍）は「憲法の自由主義化」や『人権確保の五大改革』の指令で、治安維持法などが廃止されます。翌年元旦に天皇は「現人神」であることを自ら否定する証書を発し、「人間宣言」を行いました。天皇を現人神としたのは、明治憲法ではなく、「教育勅語」でした。ところが、勅語が発布された経過で説明したように、山形首相の意を体した井上毅の悪知恵で、法令などと異なり国家や政治の関わりを意図的に避けて、天皇自身が「現人神」という立場で国民に付与したものです。そのため敗戦直後、国家として明確な廃止措置をすることができませんでした。

敗戦後の混乱のなか、政府は、戦後の最高の統治原理であった「教育勅語」を、単に学校行事と、祝日の儀式の問題とし、文部省は、省令で次の行政措置を決めました。

○昭和21年3月　国民学校等が「修身を教育勅語の趣旨で行うことを無効とする。

○同年「式日の行事中、君が代の合唱、御真影奉拝、教育勅語拝読を削除する。

当時の政府は、これからの行政措置で、教育勅語は教育の指導原理としての特殊な効力を失効したとの判断でした。

「教育勅語の排除・失効等の両院決議」が行われた事情

日本国憲法が、昭和21年11月3日に公布され、翌年5月3日に施行されます。同年3月に教育基本法が制定されました。この教育基本法は、前文で「日本国憲法の精神に則り、民主的で文化的な国家を建設して、世界平和と人類の福祉に貢献する」等を宣言しました。新憲法の制定を中心に敗戦後の日本人は、平和主義・国民主権・基本的人権の三原則を実現すべく、抜本的な制度改革を断行していきます。

しかし、民主主義的な精神面での改革は十分でなく、古い封建的な考え方が残り、新旧の理念が衝突し混乱が起こりました。原因の一つに、教育勅語問題がありました。政府・文部省の措置が消極的で、廃止したのか、失効したのか、自然消滅を期待して生かしているのか、混乱が起こりました。その理由は、教育勅語の内容に人類の普遍的教訓が部分的に使われていたからです。しかし、勅語そのものの根本理念は、天皇の神格化です。その目的のために仏教や儒教やキリスト教などの教訓を利用したものがあったのが原因の一つでした。また、勅語の呪縛から離れることができない人々もいて、国際的にも問題となりました。

この問題は、新憲法下でも問題となりました。さまざまな議論を経て、第2回国会昭和23年（1948年）6月19日、衆・参両院で「教育勅語」の排除・失効等について決議が、全会一致で行われました。

○衆議院の決議　『教育勅語等排除に関する決議』要旨①教育勅語等の諸詔勅が、今日もなお国民道徳の指導原理として持続していると誤解があるのは、従来の行政上の措置が不十分であったためである。②詔勅の理念が主権在君や神話的国体観に基づいており、基本的人権を損ない国際信義に疑問を残している。③憲法98条（最高法規性）の本旨に従い院議を以って、これらの詔勅を排除し、その指導原理的性格を認めないことを宣言する。

○参議院の決議　『教育勅語等の失効確認に関する決議』要旨①教育勅語は軍人勅諭等詔勅とともに、既に廃止され、その効力を失っている。②教育勅語等が既に効力を失っている事実を明確にする。

◤最近の「教育勅語」復活にいかに対応するか◣

第2回国会の衆参両院で「教育勅語」について、排除や失効の国会決議が行われ、国家としての決着は行われています。そして、新憲法の平和主義・国民主義・基本的人権の三原則が、日本国の統治原理となりました。しかし、71年という歳月の間に戦前の明治憲法の統治原理を超えて、日本を破滅させた「教育勅語」を、生き返らせようとする動きがしばしばありました。ごく最近の動きには看過できません。

『教育勅語の真実』（至知出版）という書物があります。3・11東日本大震災で、救助活動に当たった自衛官や警察官に対して、「自己犠牲をいとわず任務を遂行した。この奥にあるのは教育勅語にある。『一旦緩急アレハ、義勇公ニ奉シ』という精神だった」として、「教育勅語」の精神が、日本人のDNAとして残っていると論じています。

また、竹田恒泰氏は、『正論』2014年6月号の『君は日本を誇れるか』で、「現代日本人が『教育勅語』を取り戻して、国民こぞってこれを実行したら、日本は素晴らしい国になるであろう。たとえこのまま復活できなくとも、小中学校の道徳の授業で、『教育勅語』の精神を余すところなく教えることができたら、と思う」と述べています。

こういった論調を背景に、安倍政権になってから『日本会議』を中心に国民運動として、組織的に行うようになっていました。その運動の具体例として「森友学園幼稚園」の「教育勅語」暗唱問題があるわけです。このTV映像が出て、日本国民が驚くだけでなく、国際問題になりました。このことを、もっともしんぱいしたのが「日本会議」関係者たちです。

この「教育勅語」暗唱問題は、民進党の初鹿衆院議員が、内閣に「教育勅語を教材として使用すること」について、質問主意書を提出しました。政府は閣議決定して、「憲法や教育基本法に反しない部分は教材として使用することは可」という趣旨の回答をしたのです。この政府の方針は、第2回国会の衆参両院での「教育勅語の排除・失効決議」に明らかに反したものです。

実は、この政府見解は平成25年頃、下村博文文科大臣が、国会答弁で述べた趣旨でした。この時期から日本会議を中心に「教育勅語」を復活させようという運動が活発になります。この下村発言を、今回の答弁書で閣議決定したことになります。森友学園の教育勅語暗唱TV放映で、日本会議系有識者が困惑したのは、国際的反響の「忌わしい日本の戦前回帰」との論調でした。閣議決定で日本政府が「教育勅語」を限定的とはいえ、教材として公認したことに、日本会議では「怪我の功名」と高く評価し、これからの運動の促進になると大喜びしている情況です。

きわめて残念なことは、国民世論もこの問題に強い関心を示さず、国会でも大きく取り上げられなかったことです。丁度、平成の治安維持法「テロ対策共謀罪法案」が、審議中でした。私は、これを廃案する方策として、治安維持法の法源は「教育勅語」にありとして、第2回国会に衆参両院で全会一致の「排除・失効決議」を再確認する国会決議を行うことを野党側に働きかけましたが、不調でした。

「教育勅語」は、日本国憲法の、「平和主義・国民主権・基本的人権」の三原則すべてに反し、冒涜するものです。この情況は放置できません。昨今の安倍自公政治は、教育勅語に優るとも劣らない三原則の冒涜を続けています。「教育勅語の排除・失効の国会決議」を再確認することが、憲法を護るため、まず必要ではないでしょうか。そのため、国民挙げての請願運動を提案したいと思います。

この運動を通じて、日本人が真の「自立心」を創造できれば、近代日本の統治原理の二重性を解消することができると思います。戦前は、明治憲法の上位に「教育勅語」が存在していたノウハウを、戦後は日本国憲法の上に「米国忖度原理」で日本の統治は行われています。これを解消することで、健全な議会民主政治が実現できるのです。

あとがき

本書の題名を漱石先生の『吾輩は猫である』から拝借したのは、「猫」が動物学的に保守的な性格であることからだけではありません。実は父が明治40年頃、高知の旧制中学生時代、『坊っちゃん』で松山中学校の教師・山嵐のモデルとなった人物から数学を学んでいます。ホトトギス派の俳人で漱石ファンの父は、小学校五年生の私に漱石全集の『草枕』などを読ませ、漱石文化で私を育てました。

平成27年3月24日に妻・操が逝去し、都内の文京区にある「養源寺」に眠っています。この墓所は妻の遠縁から無償でいただいたものです。妻の墓のすぐ近くに、『坊っちゃん』のお手伝いで、坊っちゃんを可愛がり世話をした「きよ」のモデル

「米山清」の墓があります。不思議なご縁です。

妻とは半世紀を超える歳月を過ごしました。激動する政治の中で、土佐の〝いごっそ〟ぶりを発揮して生きてきた私に、妻はしばしば「漱石の坊っちゃんのようだ。爆弾と一緒に暮らしているようだ」とこぼしていました。今ごろ泉下で「清さん」と、坊っちゃんや私の噂話に花を咲かせていると思います。

本書は、激動する政治情況に押され、想定を超えて早期に出版することができました。これまで苦労をかけた泉下の妻に感謝するとともに、献身的に協力いただいた五月書房新社の皆様に、心からお礼を申し上げます。

平野貞夫

著者略歴

●

平野貞夫 *Sadao HIRANO*

1935年、高知県土佐清水市生まれ。法政大学大学院政治学修士課程終了。衆議院事務局に入り、副議長（園田直）秘書、議長（前尾繁三郎）秘書などを経て、委員部長となる。1992年、参議院高知地方区で当選し、小沢一郎と行動を共にする。2004年、参議院議員を引退。以降、政治評論・執筆活動の傍らで、日本一新運動を進める。「日本一新の会」の代表を務め、「メルマガ・日本一新」を発行。また国際縄文学協会理事も務めている。著書としては『わが友・小沢一郎』（幻冬舎）、『平野貞夫・衆議院事務局日記』（信山社）、『角栄　―凄みと弱さの実像―』（ベストセラーズ）、『野党協力の深層』（詩想社新書）ほか多数。

わが輩《はい》は保《ほ》守《しゅ》本《ほん》流《りゅう》である

本体価格……一〇〇〇円
発行日……二〇一八年　四月二〇日　初版第一刷発行
著者……平野《ひらの》貞夫《さだお》
発行者……柴田理加子
発行所……株式会社　五月《ごがつ》書房新社
東京都港区西新橋二—八—一七
郵便番号　一〇五—〇〇〇三
電　話　〇三（六二六八）八一六一
ＦＡＸ　〇三（六二〇五）四一〇七
ＵＲＬ　www.gssinc.jp
装幀……テラカワ　アキヒロ
印刷／製本……株式会社　シナノパブリッシングプレス

ISBN978-4-909542-03-8 C0031

現代の対話篇「TOPICA《トピカ》 2018」

政治や経済、社会状況、どの領域を見渡してみても、没論理、フェイク言論、欺瞞言語が満ちあふれる現状の中で、それぞれの領域における「知の精鋭たち」が真正に問い、真正に語る。それらの問題提起は、まるでだまし絵のような偽りのキャンバスを一閃のもとに引き裂く切っ先となるだろう。

《シリーズ企画・構成》
五月書房新社・編集委員会委員長　**佐藤 章**

TOPICA 2018 vol.1

圧倒的！リベラリズム宣言

山口二郎・外岡秀俊・佐藤章 著

好況を偽るアベノミクス、大義なき解散総選挙、小池旋風と希望の党の失速、森友学園や加計学園、スパコン疑惑などに見られる堕落した行政……。2017年下半期から次々と馬脚を現してきた「フェイク政治」を脱却して、本物の政治を立て直すために、今こそリベラリズムの復権を！

四六判／並製／本体1500円　ISBN978-4-909542-02-1

続刊

TOPICA 2018 vol.2

フクシマ・クロージャー・プラン〔仮題〕

佐藤暁《さとし》 著

東日本大震災で日本人は初めて気づいた。原子力発電の終わらせ方を誰も知らないことを——。GE社原子力事業本部日本法人の技術者として長く原発の実務にたずさわってきた著者が指し示す、廃炉への具体的で現実的な道筋。

18年6月刊行予定